持续变革视角的预算本质研究

曹洋 著

中国财经出版传媒集团
中国财政经济出版社

图书在版编目（CIP）数据

持续变革视角的预算本质研究／曹洋著．—北京：中国财政经济出版社，2016.10

ISBN 978－7－5095－7005－0

Ⅰ．①持… Ⅱ．①曹… Ⅲ．①预算会计－研究 Ⅳ．①F810.6

中国版本图书馆 CIP 数据核字（2016）第 239759 号

责任编辑：吕小军　　责任校对：张　凡
封面设计：思梵星尚　　版式设计：兰　波

中国财政经济出版社出版

URL：http：//www.cfeph.cn

E－mail：cfeph@cfeph.cn

社址：北京市海淀区阜成路甲 28 号　邮政编码：100142

营销中心电话：010－88190406　北京财经书店电话：64033436　84041336

北京财经印刷厂印刷　各地新华书店经销

787×1092 毫米　16 开　12.25 印张　202 000 字

2016 年 11 月第 1 版　2016 年 11 月北京第 1 次印刷

定价：28.00 元

ISBN 978－7－5095－7005－0/F·5607

（图书出现印装问题，本社负责调换）

本社质量投诉电话：010－88190744

打击盗版举报热线：010－88190492　QQ：634579818

....目　录

第一章
导　　论

第一节 研究背景与动机

现代企业预算诞生于20世纪20年代美国杜邦火药公司和通用汽车公司的管理实践中，在50年代开始迅速流行，并在60年代得到了普及。对欧美大型企业的问卷调查显示，97%的美国公司以及99%的欧洲公司都运行正式的预算系统①。

预算体系涵盖几乎所有重要的管理职能，包括计划、资源分配、控制、沟通、业绩评价、激励和战略规划，“能把组织的所有关键问题融合于一个体系之中”②。在很多大中型企业里，预算是唯一的中央管理控制机制。同时，指责和批判预算的声音不绝于耳，而且愈演愈烈。20世纪50年代，克里斯·阿基里斯对企业预算实践的实地调查研究首次揭示了预算过程中出现的种种负面行

① Umapathy, S.:《Current budgeting practices in U. S. industry》, New York: Quorum Books 1987; Kennedy, J. A.: “Getting the most from budgeting”,《Management Accounting》 1999 vol. 77 (2), pp. 22～24.

② Otley, D.: “Performance management: a framework for management control systems research”,《Management accounting research》 1999 vol. 10 (4), pp. 363～382.

为问题，使预算的缺陷引发人们的关注。进入90年代后，预算更是成为众矢之的，遭受来自学术界和实务界一轮接一轮的猛烈炮轰，预算陷入严峻的危机之中。1990年6月4日美国《财富》杂志上刊登了《为何预算对企业有害?》一文，历数了预算的多宗罪，指出预算刺激员工和管理者为了个人利益不惜损害客户利益、产品质量和企业价值，预算还会导致企业内部陷入恶性争斗，并阻挠组织在研发和营销活动上的必要投入。2003年，迈克尔·詹森在《哈佛商业评论》上发表题为《付钱让人们说谎：预算过程的真相》的文章，指责预算奖励说谎的员工，惩罚说实话的员工；奖励无视或者损毁公司价值的员工，惩罚采取行动使组织增值的员工。同年，杰里米·霍普和罗宾·弗雷出版了《超越预算》一书，怒斥预算是华尔街财务造假行为的罪魁祸首，而且是妨碍组织获得“竞争优势、最佳管理团队、持续不断的革新、低成本、忠诚的客户，以及高水准的公司管制和控制”的根源。通用汽车公司前首席执行官（CEO）杰克·韦尔奇的批评更是给了预算一记响亮的耳光，他说：“预算是美国企业的祸根，它根本不应该存在。”

总结学术界和实务界对预算的批评和指责，预算的缺陷可以分为三大类：预算引发的负面行为问题、成本高昂以及损害企业价值。其中，负面行为包括预算松弛、讨价还价、棘轮效应、真实活动操纵、会计数字操纵以及其他不正当行为在内的六类现象；损害企业价值包括阻碍成本结构变革、忽视顾客、偏离战略、计划赶不上变化、阻碍灵活性在内的五类弊端。

在过去的半个多世纪里，国内外学者们提出了林林总总的预算改进建议，包括20世纪50年代的参与式预算，70年代的零基预算、滚动预算和真实导向型激励方案，90年代的Kaizen预算、基于价值的预算、作业基础预算、标杆预算和战略预算。而内容最为综合、影响力最大的预算改进方案当属90年代中后期由“国际高级制造”组织（全称为Consortium for Advanced Manufacturing - International，简称CAM - I）下属美国小组和欧洲小组分别提出的基于作业的计划与预算（又被称为“改进预算”）方案和超越预算方案。

事实上，上述预算改进建议大多由于缺乏可行性而停留在纸面上，例如真实导向型激励方案、基于价值的预算、标杆预算和战略预算等。更糟糕的是，没有一个预算改进方案能够解决预算的全部缺陷。它们通常只针对预算三大类十二小类缺陷中的一小部分，因而只能解决预算的部分问题。这不禁让我们满腹狐疑：是否能够解决预算全部缺陷的方案根本就不存在？

20 世纪 90 年代 CAM－I 组织下属美国和欧洲小组提出的改进预算和超越预算方案，导致预算改进领域分裂成两大对立阵营。改进预算的支持者们认为，通过融合作业成本法、产能管理法等先进的管理技术，改进后的预算能够克服往日的缺陷，恢复其有效性。超越预算的支持者们则对改进预算的想法嗤之以鼻，他们坚称：只要预算存在，预算的种种缺陷就不可避免地发生，因此必须彻底抛弃预算，代之以一套完全不同的管理体系，才能消除预算的弊端。完全相左的两派观点引发了旷日持久的争论，直到 20 年后的今天，学术界对此仍然莫衷一是，无法达成共识。这反映了一个事实：学术界对预算的根本缺陷以及缺陷产生根源的认识不足，从而导致对不同预算改进方案的评价缺乏一致而有效的判断标准。

同时，近 20 年间针对美国和欧洲企业进行的数项调查研究显示：企业预算实践并未出现任何实质性改善，企业高层管理者和财务管理人员对预算的满意度仍然不高，预算的种种缺陷也没有出现缓解的迹象。大部分企业都不满意当前的计划和预算过程，财务主管将预算改革列为需要解决的第一要务①。实施过诸如作业基础预算、零基预算和滚动预测等改进方案的企业表示：预算改进方案的实施效果与预期相距甚远。

以上三个事实——没有任何一个预算改进建议能够解决预算的大部分缺陷（更不用说解决预算的全部缺陷）、改进预算与超越预算之争的不了了之，以及预算改进研究未能帮助企业预算实践得到任何实质性改善——释放了一个清晰的信号：在过去的 20 年里，预算理论研究基本处于停滞状态，没有取得任何实质性突破，预算理论研究陷入了持久的僵局。

预算理论研究的僵局似乎暗示着学术界落入了诺贝尔经济学奖获得者丹尼尔·卡尼曼教授所说的“理论诱导的盲区（theory－induced blindness）”②。人们往往对现有主流理论深信不疑，将其作为无懈可击的思考工具，因而很难注意到其中的错误。卡尼曼教授指出，主流理论的错误通常不会出现在其明确主张的部分，“错误往往隐藏在该理论忽视或假设的内容中”。

---

① Lazere, C.：“All together now－Why you must link budgeting and forecasting to planning and performance”，《CFO Magazine》1998（Feb），p28－36；Epstein, J.，& Birchard, B.：“Add accountability”，《Executive Excellence》2000（Sep）；CIMA：《Better budgeting：A report on the better budgeting forum from CIMA and ICAEW》2004（Jul）.

② 丹尼尔·卡尼曼：《思考：快与慢》，中信出版社 2012 年版。

这意味着，试图根据主流预算理论来发掘预算的根本缺陷及其产生根源，其成功的希望是十分渺茫的。若要推动预算理论研究的真正发展，我们必须从预算的表面抽身而出，站在更高的角度俯视预算，挖掘预算理论背后的深层哲学观和假设，这样才有可能真正看清预算的本质、根本缺陷及其产生根源。只有看清预算的本质、根本缺陷及其产生根源，我们才有可能设计出行之有效的改进方案。

现有预算管理研究往往局限在预算主流理论的框框里，就预算而论预算。本书试图另辟蹊径，站在哲学高度剖析传统预算的深层假设、本质和基本原理，继而推导出根本缺陷及其产生原因。传统预算的产生和发展长达半个多世纪之久，多年来一直是大多数企业的核心管理控制系统，这说明传统预算自有其优势所在。传统预算在什么样的环境下适用？传统预算是否适应当今的互联网时代？本书也试图对此作出回答。最后，本书将站在哲学高度重新定义预算的本质和基本原理，并构建出一套全新的预算体系。不同于传统预算构建于工业时代的主流哲学观之上，本书将依据网络时代的新哲学观构建出一套全新的预算体系——组织变革视角的预算体系。

本书研究认为，预算管理研究的困境源于传统观点对预算本质认识的狭隘。现有预算研究受传统管理理念的支配，认为严格规定和控制员工行为是保障组织实现目标的不二方法，把预算视为严格规定和控制员工行为的工具和手段。传统管理视角对预算本质的狭隘认识，不仅导致预算实践沦为组织发展与变革的桎梏，而且引发预算无用论和预算过时论的质疑，严重威胁预算的生存与发展。

如果我们转变视角，赋予预算本质以新的认识，使预算成为一个能够持续与时俱进的主题，就能为预算创造一个广阔无垠的生存与发展空间。本书提出的新视角把预算视为保障企业达到预期目标的机制，而非规定或控制企业如何达到预期目标的工具或手段。对大自然中生命体的观察告诉我们，生命体总是不断学习、进化、改变自己，为的是将生命延续下去。否则，环境中出现的任何重大变化，都很有可能导致小至一个生命体的终结，大至整个物种的灭亡。我们可以把生命体看成组织的暗喻。与生命体一样，组织也必须不断改变自己，否则迟早将遭遇衰落乃至灭亡的命运。持续变革是组织正常运转不可或缺的一个组成部分，就像新陈代谢是人在正常生活中不可或缺的一部分。持续变革是实现组织可持续生存发展这一终极目标的前提与保障。

本书试图开辟预算管理研究的新方向，从组织变革视角赋予预算新的内涵，并梳理和构建新视角下预算体系的目标、原理、过程和方法。组织变革视角赋予预算新的使命，不仅使预算实践成为企业持续进步和发展的引擎，而且使预算理论研究成为引领社会进步和时代发展的先锋。我们相信，新的研究视角能够丰富现有预算管理研究文献，拓宽现有预算管理研究视野。

第二节 研究思路与方法

本书在第一部分剖析并揭示传统管理视角对预算本质的狭隘认识将无可避免地使预算走上穷途末路，然后在第二部分提出组织变革视角下的预算本质新观点，并构建支持组织持续变革的全新预算体系。

本书的第一部分遵循这一思路：首先，探寻传统管理视角下的预算本质与内在原理；其次，基于对预算本质与内在原理的认识，推理出预算的根本缺陷和适用条件；最后，根据预算的适用条件并结合互联网时代的环境背景，预测并分析预算在互联网时代生死存亡的命运。

在分析传统管理视角下的预算本质时，本书首先追溯现代管理的哲学根源，因为我们相信对现代管理的本质与内在机理的洞察，有赖于对隐藏在现代管理外表之下的哲学根基的透彻理解。对现代管理哲学根基的探寻，能够揭示现代管理的前提假设与基本原理，破译现代管理的“底层源代码”，从而帮助我们准确把握传统预算的内在特征与适用条件。对现代管理哲学根基的探寻也能够帮助我们另辟蹊径，采用演绎方法推断预算困境的前因后果。现有文献基本都采用归纳推理方法，试图根据若干片段或证据，总结出预算的主要缺陷与问题根源，并据此提出相应解决方案。这种归纳式分析的过程好比“盲人摸象”，每个人根据自己选取的片段得出结论，结果造成“公说公有理、婆说婆有理”的局面，难以判断各观点的高下。演绎式推理能够克服单一归纳式推理的局限性，帮助人们切中问题的要害，并寻找真正的解决之道。

本书研究认为，预算乃至现代管理的哲学基础源于艾萨克·牛顿爵士的物理学发现，牛顿定律塑造了一个以还原主义和机械因果观为支柱的哲学基本观，进而孕育出预算的三条基本原理：可预定、正规化和集权化。可预定原理强调计划的核心作用；正规化原理主张解构化、正规化、理性化、正式化的流程；集权化原理要求严格分离决策与执行，禁止员工的自由思考与行动。这三条基本原理环环相扣、相互联系、相互巩固，牢固地保证了控制目标的实现。同时，它们也贯穿于预算一切职能之中，包括计划、资源分配、控制、业绩评价、激励、战略、沟通与协调职能。传统预算的所有元素——假设、原理、职能、程序和方法，构成了一个以消除变化和追求控制为目标、具有强大连贯性的完整体系。

接下来，通过对预算本质和基本原理的深入分析，我们不难得出这一结论：预算对秩序和控制的追求给组织带来了高效率和低成本的收益，却也同时付出了丧失变革能力的巨大代价。预算在致力于消除一切意外和变化的同时，不仅消灭了所有威胁，也铲除了发展与变革的一切机会。传统预算有助于组织高效和稳定的运转，却十分不利于组织的发展与变革。本书从技术和管理两个维度分析预算的适用条件，指出稳定的外部环境和官僚体制的内部组织背景是预算具备有效性的两个必要前提条件。

在第一部分的最后，我们首先分析工业时代外部环境与内部组织环境背景，指出预算与这一特定历史时期的环境背景具有良好的匹配性。接着，我们对刚刚到来的互联网时代给商业环境和组织特征带来的变化展开分析，指出突变的外部环境与新型组织特征这两方面因素破坏了传统预算的适用前提，传统预算将无法适应互联网时代组织的管理需求。

本书的第二部分首先从组织变革视角重新定义预算的本质并设计预算的基本原理，最后构建一套能够支持组织持续变革的预算实现体系。

在设计和构建持续变革的预算本质、基本原理和体系时，我们仍然坚持使用演绎推理而非现有文献一贯采用的归纳推理方法。基于归纳式推理得出的研究结论缺乏全盘周密的理论支撑，往往容易落入片面和主观的陷阱，而且难以挣脱传统管理思维模式的窠臼。本书试图从新科学领域的前沿成果中寻找能够为组织变革提供借鉴意义的崭新模式，并以此作为构建全新预算模式的理论依据与指引，原因是组织变革往往起因于新知识、技术的应用。量子理论、生命科学、脑神经学、复杂科学等前沿自然科学领域研究开始向人们揭开了自然界中生命系统、群集系统和复杂系统为了可持续生存发展而不断学习、进化和适

应的运行机制的面纱，而近 20 年的互联网与计算机科学又为科学家们的猜想提供了基于计算机模拟环境的验证。本书尝试将这些新兴科学研究领域的理论成果，移植到预算研究领域，构建出一套具备坚实理论支撑的全新预算模式。

随着时代的进步，科学的发展，人们认识到，大自然最复杂最神奇的造化之物都是自我组织的，具有强大学习、进化与适应能力的系统。与大自然中生存的生命系统一样，组织必须持续变革才能实现可持续生存发展的终极目标。在组织变革的视角下，预算不是具体指导并控制组织行为的手段或工具，而是保障组织实现预期目标的机制。最后，我们归纳出新科学研究成果总结的生命系统运行原理与机制，然后通过演绎推理将这些原理与机制移植到预算领域，推导并构建持续变革视角下的预算基本原理与体系。

本书主要采用规范研究方法，并大量结合哲学、管理学、生物学、脑神经学、人工智能、复杂科学等学科的前沿成果。主要采用演绎式推理方法，从哲学高度剖析预算的本质、根本问题与产生根源，并将生命系统的运行机制以演绎式推理延伸至预算领域，构建出持续变革的预算体系。

第三节
章 节 安 排

本书的章节安排如下：

第一章，导论。

第二章，相关文献回顾。首先回顾了半个多世纪以来现有文献对预算的批评，并把列举的各种预算缺陷归纳为三类：预算引发的行为问题，预算的高昂成本，以及预算对企业价值的损害。接着，本章回顾了现有预算改进文献，并把预算改进方案归纳为四类：真实诱导型激励方案、传统预算模型的渐进式改进、基于先进管理方法的改进建议，以及 CAM - I 组织的预算改进综合方案。本章还罗列了近 20 年间针对实务界人士进行的预算满意度和缺陷问卷调查的结果。最后，本章总结了现有预算管理研究文献的现状与成果，并描述已有文献对本书研究的启示作用。

第三章，传统预算的本质。本章首先分析了现代管理的哲学基础，即由牛顿理论塑造的机械世界观。接着，本章阐述了由牛顿机械世界观衍生而来的预算本质，以及预算的三大基本原理——可预定、正规化与集权化。最后，本章通过详细描述预算的各项职能，反映预算的本质与基本原理如何渗透至预算的各项职能、流程与方法之中。

第四章，传统预算的根本缺陷。本章首先逐一分析预算三大基本原理如何严重阻碍组织的持续变革。随后，在对预算本质与基本原理的分析基础上，本章点明预算的根本缺陷就在于它对组织的持续变革构成了严重的危害。接下来，本章讨论了已有文献中常见的其他预算缺陷，指出这些缺陷只是预算追求控制和稳定、消除一切变化所带来的副作用，而不是预算最根本的缺陷。

第五章，传统预算的适用条件。本章首先探讨了传统预算的适用条件：一是稳定的外部环境；二是官僚体制的内部组织背景。接着，本章解释了传统预算能够在工业时代屹立数十年而不倒的原因，我们认为这得益于工业时代的大型工商企业的外部与内部环境背景正好满足了预算的使用条件，使得预算在这一特定历史时期的表现功大于过。

第六章，互联网时代对传统预算的挑战。本章阐述了互联网时代以及移动互联网时代的概念，以及互联网时代的特殊意义。然后，本章分析了互联网时代的外部环境特征与代表性企业的内部组织特征，并得出这一结论：互联网时代彻底颠覆了预算有效性的两项必要前提条件，这意味着预算无法满足互联网时代的需求。

第七章，来自新科学的启示。本章首先介绍了由量子理论、生命科学、脑神经学、复杂科学等新兴自然科学塑造的世界观，它基于一个与牛顿机械动力学截然不同的对真实世界的描绘，假定真实世界混乱无章却充满生命力。之后，本章从新科学的前沿成果中归纳总结出生命系统得以在大自然中可持续学习、进化与改变的运行机制，以便为组织变革提供方向和指引。

第八章，构建持续变革的预算体系。本章首先界定了组织变革视角的预算本质，认为预算是保障组织可持续发展与变革的机制。接着，本章总结了新预算体系的基本原理，它们与传统管理视角下的预算原理大相径庭。最后，本章结合众多新科学的研究成果以及管理理论与案例，构建出支持组织持续变革的新体系。

第九章，结论。本章总结了全书的主要观点与结论，并指出本书研究的局

限性与未来可能的研究方向。

第四节
创新与不足

一、本书的创新

本书首次从一个新的视角——基于牛顿经典动力学理论的哲学视角来剖析传统预算的本质与基本原理，并推导出传统预算的根本缺陷与适用条件。同时，从另一个新的视角——基于新科学理论的组织变革视角重新界定预算的本质和基本原理，并构建出一套全新的预算体系。本书没有固守于主流预算理论，而是另辟蹊径站在哲学高度审视与反思现有理论，并首次尝试将量子理论、生命科学、脑神经学、复杂科学、互联网等新科学领域里的前沿研究成果引入到预算管理领域，从而赋予预算更为宽广和富有弹性的本质意义，并构建出一套全新的预算体系。

具体而言，本书做出了以下创新：

（1）从管理及哲学视角分析传统预算本质。预算缺陷与改进研究的浪潮在20世纪90年代达到顶峰，各国会计学者、咨询师和实务界人士对此进行了激烈而广泛的争论。但迄今为止，人们仍无法在关键问题上达成共识，预算改进阵营分裂为意见完全相左的两大派别："改进预算"与"超越预算"。进入21世纪初，预算改进研究由于无法获得理论与实务上的实质性突破而渐渐偃旗息鼓。

本书认为，预算研究僵局的形成是由于学者们习惯沿用现有预算理论与思维模式，而没有认识到现有预算理论与思维模式的局限性所致，就好比一条在水塘里游泳的鱼难以意识到水塘只是世界的一小部分。为了跳出现有思维模式的框框，本书从预算背后的管理与哲学的大背景，分析传统预算理论背后的前提假设、原理、本质及缺陷。事实上，绝大多数学者对预算本质的理解都建立在传统管理理论与思维模式之上，而传统管理又建立在由牛顿机械动力学塑造的哲学观之上。因此，本书一直追溯至牛顿机械世界观，从哲学观的源头分析其对现代管理与预算产生的重要影响。本书对预算本质的“追根刨底”式的探寻，形成了演绎式推理的研究思路，这对侧重于以归纳式推理的已有预算管理研究成果，构成了十分有益的补充。

本书指出，传统管理视角对预算本质的理解建立在一个假设之上：组织能够也应该像机器一样稳定规律地运转，组织的一切行为都是可以预测并可以控制的。预算被赋予了坚决维护秩序与控制，确保一切都按预期行事的使命。预算严格规定了每个人应该如何执行每项事务，以保障组织目标的实现。

（2）从组织变革视角界定预算本质。现有预算管理文献受到传统管理视角的局限，将预算界定为“规定”或“控制”企业如何达到预期目标的机制，导致预算成为组织发展与变革的严重阻碍，最终沦为保守、僵化和衰落的代名词。预算本质的传统观点严重制约了预算的生存与发展空间。超越预算团队提出的抛弃预算口号，给预算管理研究敲响了警钟。

本书建议以组织变革的新视角重新审视预算的本质，把预算视为保障组织实现预期的终极目标（即组织的可持续生存发展）的机制。换言之，预算由实现目标的具体手段、工具与职能，转变为保障组织可持续生存发展的机制。这样一来，预算的使命将远比现在宽广且丰富得多，预算实务及理论的生存与发展空间将获得突破性增长，预算的改进与抛弃之争也将迎刃而解。新视角下的预算本质认识不仅使预算实践成为组织持续进步和发展的引擎，也使预算理论研究成为引领社会进步和时代发展的先锋。本书提出的预算本质新视角开辟了预算管理研究的新方向，丰富了现有预算管理研究的文献，拓宽了现有预算管理研究的视野。

（3）借鉴新科学前沿成果，构建持续变革的预算体系。现有文献通常试图将刚刚出现的“新”管理方法结合，或者一些优秀企业的先进管理实践，与现有预算体系相结合。这种做法难以有的放矢地真正克服预算本身的缺陷，事实证明，很多当时看来新潮的管理方法，包括基于价值的管理、作业成本法、平衡计分卡等，要么流于空洞，要么仍落传统管理思维模式的窠臼。更大的问题是，通过归纳式推理得出的方案无可避免地由于缺乏全盘周密的理论支撑，而落入片面和主观的陷阱。

本书在构建持续变革的新体系时，没有遵循借鉴当下流行的新管理方法或者某些企业具体实践的常见做法，而是试图寻找能够给组织变革带来启示的坚

实理论依据。量子理论、生命科学、脑神经学、复杂科学等前沿自然科学领域研究开始向人们揭开了自然界中生命系统、群集系统和复杂系统为了可持续生存发展而不断学习、进化和适应的运行机制的面纱，而近 20 年的互联网与计算机科学又为科学家们的猜想提供了基于计算机模拟环境的验证。这些新科学的研究成果为我们构建全新的预算体系不仅贡献了很有价值的思维方式和变革引导，而且提供了坚实的理论支撑和依据，从而为预算改进研究开辟了一个新方向。

（4）从预算本质剖析预算根本缺陷及产生根源。本书从预算本质入手，通过演绎式推理得出预算的根本缺陷，弥补了现有预算缺陷研究直接从预算实务的表面归纳预算缺陷的不足。现有文献罗列了预算的众多弊端，但是无法有根据地区分根本缺陷与次要缺陷。通过对预算本质的探究，本书指出阻碍组织持续变革是预算的根本缺陷，其他缺陷（如高成本、博弈和行为问题、导致员工忽视顾客、预算偏离战略、阻碍企业灵活应变、破坏企业文化、损害员工积极性等）则是预算阻碍组织持续变革带来的副作用。它们的负面影响主要局限于利润的高低，而阻碍组织持续变革则会威胁企业的生存。

本书基于对预算本质的把握，演绎推导出预算困境的根源分析以及预算改进的方向。与现有文献的归纳式推理相比，本书的结论更切中要害。现有文献往往通过片断的、表面的、不完整的证据对预算困境的根源进行归纳并做出主观判断，然后以此为基础寻找解决方案。一些学者认为预算与激励的结合，是导致预算计划职能失效和引发行为问题的“罪魁祸首”，因此建议将激励功能从预算中分离出去。另一种观点认为，一年一度的预算调整周期太长，跟不上环境变化，因而建议提高预测和预算频率。还有人认为，预算编制过程缺乏科学依据，是导致预算编制不合理，以及易于被博弈行为困扰的根本原因，因而提出利用作业成本和产能管理法来“规范”预算编制过程的建议。本书通过剖析预算本质，得出这一结论：预算困境的根源在于传统预算具有抵制一切变革的强大内在基因，这种基因渗透在预算的所有元素之中，包括假设、原理、流程、方法和手段。

（5）从技术与管理两个维度分析传统预算的适用条件。一些文献列举了 20 世纪末期企业外部与内部环境发生的变化，并指出这些变化严重削弱了预算的有效性。但它们的分析局限于管理维度，不仅缺乏技术维度的分析，也没有进一步全面系统地推导出传统预算的适用条件。预算以预测作为逻辑起点，预测的准确性决定了整个预算体系的有效性。因此，预测技术的适用条件也决定了预算的适用条件。因此，从技术维度分析预算的使用条件是十分必要的。

本书首次从技术与管理两个维度，对传统预算的适用条件进行全面系统地分析。本书研究指出，传统预算并不是普适的管理工具，其有效性取决于两个必要条件：稳定的外部环境，以及官僚体制的内部组织背景。稳定的外部环境之所以重要，是因为预算的效用取决于预测的准确性，而预测只有在一种情况下才是准确的：环境是稳定的。第二个必要条件是以控制为核心的官僚体制模式能够很好地服务于企业的管理需求。预算在 20 世纪 70 年代中期之前没有受到太大挑战，有两方面原因：一是存在稳定或有利的外部环境；二是官僚体制与工业时代典型组织的特征（大规模、追求高效率、蓝领员工）配合得很好。

（6）区分环境变化的两种类型并分析其对预算有效性的影响。到了 20 世纪 90 年代，越来越多的学者们认识到，商业环境的变化向预算提出了严峻的挑战。但是，学者们对于商业环境发生了怎样的变化，以及环境变化如何影响预算，有着不同的看法。一些学者认为，变化的加剧要求管理者加大预测和预算调整的频率。另一些学者认为，新的商业环境要求组织更多地重视战略、顾客、知识资本、价值，因而建议把近期出现的管理工具（如作业成本法、平衡计分卡、战略管理、基于价值的管理等）与预算结合起来。超越预算的支持者们驳斥了以上两种观点，他们坚持认为预算已经无可救药，人们必须彻底抛弃预算并代之以一套全新的管理体系。现有文献存在一个共同的盲区：它们没有认识到环境变化可以根据是否影响预算有效性区分为两种不同类型，从而导致它们无法就以下问题得出令人满意的答案：环境变化对预算的真正挑战是什么？环境变化如何影响预算的有效性？预算能否改进以适应环境变化？

本书首次在预算研究领域提出不同环境变化类型将对预算有效性产生完全不同的影响。预测技术的本质是以历史数据为基础，对未来进行推断。它们试图将过去的模式或规律，投射到未来。因此，预测不会得出超出历史模式的结果。环境变化可以根据是否能够预测这一标准分为两类：一类是规律性的，有特定模式的，已经发生过的；另一类是突发的，一次性的，发生之前没有任何规律或模式可循。前者可以准确预测，而后者永远无法准确预测。无论如何改进预测工具，都改变不了突变无法预测这一事实。

（7）分析互联网时代的环境变化及其对传统预算有效性的影响。自从 20 世纪 90 年代末的改进预算与超越预算之争以来，预算管理研究几乎处于停滞

状态。最近几年，随着互联网技术的迅速发展以及移动互联网时代的来临，商业环境发生了巨大变化。人们开始认识到，互联网将掀起整个商业世界的大革命，而这场革命才刚刚开始。诺基亚、索尼、柯达、惠普、联合利华、百胜、戴尔等众多昔日声名显赫的大公司近几年集体性走向衰落，释放出一个强烈的信号：在今天以及未来数十年内，企业所面临的环境将与90年代末有着很大的不同。本书回答了之前文献未曾提出过的问题：在互联网时代，商业环境与组织特征将具有怎样的特点？互联网时代对预算提出了怎样的挑战？

本书得出这一结论：互联网时代彻底颠覆了传统预算的有效前提。在今天和未来的数十年里，企业将身处一个动荡不安、充满不确定性的环境中。这不仅是由于市场由卖方主导转变为买方主导，以及垄断梦想的破灭导致竞争和环境变化的加剧。更重要的是，互联网时代的来临吹响了商业范式大革命的号角。突变将是未来商业环境的主要特征，这使得在稳定环境下成长起来的预算体系丧失了效用。另一方面，官僚体制追求纪律、秩序、控制和效率，这与互联网时代所需要的变革和创新能力背道而驰。官僚体制无法满足创新为王的互联网时代的企业管理需求，因此预算也不再适用。

二、本书的不足

本书的研究基于组织变革视角来重新认识预算本质问题。由于组织变革往往起因于新知识、技术的应用，因此，研究中不可避免地运用现代对组织发展与变革产生直接影响的各门新科学知识与方法来分析预算本质问题。这些新科学主要包括量子力学、生物学、脑神经科学、复杂科学、互联网和计算机科学等。虽仍然处于初期阶段，有很多奥秘仍然有待人们去解开，而且信息、计算、动力学和进化等领域的很多概念尚待人们去整合，但这些新科学带来的组织变革创新动力与趋向，为我们正确认识预算本质问题进而完善预算管理实务，提供了很有价值的思维方式和变革引导，从而为深化预算问题研究开辟了一个新方向。当然，因新科学尚处发展之中，本书的研究无疑也会因之而处于不断完善中。当新科学知识再次突破发展，预算本质问题的认识亦将与时俱进。

本书试图将新科学的理论和成果进行提炼和综合，将其应用于管理领域，对管理实践提供有意义的指导。由于各门新科学的学科背景与管理学存在很大差异，将它们应用到管理实践存在相当大的难度。新科学的研究成果带给我们

的更多的是原则和方向，而不是具体的做法。有些学者认为，新科学对管理而言仍然只是一个隐喻。我们在将新科学的隐喻落实到管理领域中，付出了很大的努力，但是不可避免地会存在很多疏漏和错误。

最后，本书提出了一个完全创新的预算理论体系，这一理论基础并不根植于当前先进企业的预算模式实践，而是来自于新科学领域的前沿成果，因而本书缺乏企业预算实务的数据支持。我们相信，寻找优秀的我国企业（尤其是互联网行业），对其进行实地考察或案例研究将能极大地补充并丰富本书的研究工作。如果未来越来越多的企业采用新型模式的预算体系，那么实证研究将能为判断本研究的可行性提供具有说服力的数据支撑。

第二章

相关文献回顾

第一节 预算缺陷的文献回顾

1990 年 6 月 4 日刊登在美国《财富》杂志上的《为何预算对企业有害?》一文将预算推到了风口浪尖。该文历数了预算的五宗罪：(1)“预算关注一些不必要的项目，如人数，却忽略了真正重要的内容，如质量、客户服务，甚至是利润。更糟的是，预算在企业的各部门之间以及企业和其客户之间建立起高墙，阻隔了他们之间的联系。”(2) 管理人员要是以为能够通过管理资金来管理企业，那就大错特错了。支出没有超过预算并不代表这笔钱花得合理。(3) 当预算的使用超出预测、计划的范围而被用于业绩评价时，预算就会带来灾难。管理人员为了实现预算，会做出诸如追逐低价值顾客、大降价之类的蠢事。(4) 预算还会助长各部门本位主义的思想，各部门只考虑自己利益，结果导致企业价值的损失。(5) 预算不能衡量最重要的东西，它能反映客户服务花费了多少金额，却无法反映出客户对服务价值的评估。在很多企业里，预算事实上阻挠了在保护市场份额和改进产品上的资金投入。

1994 年，“国际高级制造协会” (CAM - I) 组织里的两位成员——杰里

米·霍普和罗宾·弗雷对传统预算的问题进行了归纳①，如表2－1所示。

表2－1　　　　传统预算的问题

目标	实践中的重点	问题
战略导向	历史外推法 随意削减	未与战略相连接 错误地削减服务支出
资源分配	职能型组织 年度过程 聚焦于成本项目 低估投资收益	取决于沟通技巧 不恰当的时间周期 不能显示间接后果 隐藏多余资源
持续改进	增量式改进 固定与变动成本	内部驱动 无法降低固定成本
一致行为	以自上而下模式为主导 财务指标	缺乏承诺 扭曲运营决策
增加价值	事实的事后报告 官僚主义、浪费时间	无法防止差异 浪费机会

资料来源：RodNewing, Advanced budgeting requires an advanced management system, Management Accounting: Magazine for Chartered Management Accountants, 1994, 72（11）。

此后，杰里米·霍普和罗宾·弗雷持续致力于发展出一套彻底改造传统预算的管理框架，并于2003年将他们的研究成果集结成书。两人合著的《超越预算》一书把预算的弊端提升到了新的高度，认为预算不仅是华尔街财务造假行为的罪魁祸首，而且是阻碍组织获得“竞争优势、最佳管理团队、持续不断的革新、低成本、忠诚的客户以及高水准的公司管治和控制”的拦路虎。预算的存在造成了“命令—控制”型的陈旧管理模式在组织中的根深蒂固。因此，只要预算不消失，组织就无法从其他任何先进管理方法（包括作业成本管理、平衡记分卡、股东价值模式、标杆管理、客户关系管理等）的实施中获得实际的收益。

尼利等人②收集并分析了大量实务工作者撰写的文章，最后列举出12个出

① Newing, R.: “Advanced budgeting requires an advanced management system”, Management Accounting: Magazine for Chartered Management Accountants 1994 vol. 72（11）.

② Neely, A., Sutcliff, M. R., & Heyns, H. R.:《Driving value through strategic planning and budgeting: A research report from Cranfield School of Management and Accenture》, New York: Accenture 2001.

现频率最高的预算缺陷：（1）预算编制不仅耗时，而且成本居高不下；（2）预算制约了响应速度，经常成为变革的障碍；（3）预算很少关注战略，而且经常与战略相冲突；（4）考虑到预算编制花费的时间，预算几乎不给组织带来任何价值；（5）预算关注的是削减成本，而不是价值创造；（6）预算强化了垂直型的命令和控制的管理模式；（7）预算不能反映出新兴的网络化组织结构；（8）预算鼓励博弈和其他不正当行为；（9）预算的编制和更新过于缓慢，通常每年一次；（10）预算的制定基于没有根据的假设和猜测；（11）预算不但没有鼓励知识的共享，反而加强了部门之间的藩篱；（12）预算让员工感到被轻视。

下面收集并汇总了来自学术界和实务界的预算批评者们的观点，他们指出的预算缺陷可以归纳为三类。首先，预算引发了组织内部众多的不正当行为。其次，预算过程极为耗时且成本高昂。最后，考虑到实施预算的成本，预算不仅无法增加组织价值，反而会对企业的长远利益造成危害。

一、预算中的行为问题

在很多企业的预算实践中，达到或超过预算将给管理者带来经济上的回报，未能完成预算则预示着惩罚措施的降临。对大多数管理人员而言，预算不仅决定着奖金的数额，还决定着未来是否能够得到升迁。职业经理人的个人声誉、市场价值、自我实现的水平也与是否能够完成预算密切联系。因此，管理人员会想尽一切方法来确保预算目标的实现。首先，在编制预算时，他们会争取容易实现的低水平目标；接着，在执行预算期间，他们会尽其所能地确保当年能够刚刚达到或略高于预算目标，哪怕他们的行为将对公司的利益造成损害。

预算过程中出现的典型行为问题既包括预算编制过程中的预算松弛、讨价还价和棘轮效应现象，也包括预算执行过程中的真实活动操纵、会计数字操纵、期末狂欢、隐瞒或歪曲信息。乌马帕什在1987年对美国400多家公司的预算方案进行调查后发现，在预算上要花招是非常普遍的现象："几乎所有的受访者都说他们在预算上要过一两次花招……管理人员要么不接受预算目标和选择其他对付的办法，要么他们会被迫不惜一切代价完成预算目标。"①

① Umapathy, S.：《Current budgeting practices in U. S. industry》, New York：Quorum Books 1987.

（一）预算松弛

所有的教科书都指出，富有一定挑战性的预算目标能够最大化对员工的激励效果。如果目标设定得过高，员工知道无论怎么努力也不可能实现，他们的积极性就会受到严重打击；如果目标设定得过低，无需努力便可轻松达到，那么这样的目标形同虚设。在大部分的预算实践中，员工在提交预算时都会尽量夸大成本、低估收入，这种现象被称为“预算松弛”①。默钱特调查发现，美国公司为其利润中心管理人员制定的预算合同表面上看是刚性且严格的，但实际上设定的预算目标几乎都是最低的业绩要求水平。这些目标对于大多数管理人员而言，即使遇到一些意料之外的困难，也能够实现。“44 名利润中心经理在回答有关实现预算目标可能性方面的提问时，有 89% 的经理认为在批准预算时他们就至少有 75% 的把握完成预算目标；有 55% 的经理说他们有 90% 或更高的把握完成预算目标。事后数据也证实了他们的看法：就在前一年，这些经理中有 74% 的人完成或超额完成预算目标。”②

预算松弛现象之所以广泛存在，主要有三方面的原因③：首先，由于预算与奖惩措施相连，低水平的目标有助于保障预算的顺利实现。其次，宽松的预算能够为难以预料的不确定性提供缓冲。每位管理人员的业绩都会受到很多个人无法掌控的因素的影响，例如，市场环境的波动、原材料价格的上扬、未能预料的机器故障等等。预算松弛能够为管理人员抵御不利风险的冲击，即使在出现一些负面事件的情况下，也能实现预算的要求。最后，预算编制过程往往是一个讨价还价的拉锯战，下级管理人员知道无论提交怎样的数字，上级管理人员都会对数字提出质疑并毫不留情地削减成本或抬高收入。因此，下级管理人员因为预计预算计划将被削减而虚报预算，而上级管理人员因为知道预算很可能是虚报的而削减预算，这就导致了一个不信任的恶性循环。

---

① 罗伯特·安东尼、维杰伊·戈文达拉扬：《管理控制系统（第 12 版专业版）》，人民邮电出版社 2011 年版；安东尼·阿特金森、罗伯特·卡普兰等：《管理会计（第 6 版）》，清华大学出版社 2011 年版。

② 转引自罗伯特·西蒙斯：《控制》，机械工业出版社 2004 年版。

③ 罗纳德·希尔顿：《管理会计学：在动态商业环境中创造价值（第 7 版）》，机械工业出版社 2009 年版；查尔斯·亨格瑞、斯里坎特·达塔尔等：《成本与管理会计（第 13 版）》，中国人民大学出版社 2010 年版。

（二）讨价还价

在绝大多数企业里，上下结合的预算编制过程实质上就是一个来来回回、讨价还价的年度游戏。每个参与者——包括业务部门的管理人员和高层经理——对此都心知肚明。业务部门管理人员参加无数的会议，确定所有的运营计划细节，然后递交他们明知不会通过的预算草案。接着，根据高管返回的大笔挥砍过的预算数字，业务部门重新对预算做出修改。

业务部门与企业高层的出发点存在根本性差异：业务部门经理的目标就是最小化自己的风险，最大化自己的报酬，因此他们的预算使命就是提出安全的、绝对有把握实现的目标。企业高层经理的薪酬取决于企业利润的增长，因此高层经理期望并要求各子公司或者各部门的销售收入和利润都能大幅增长。深谙预算游戏规则的杰克·韦尔奇说道："（预算）最大的问题在于，谈预算时上下级就像拿着线互相拉对方的牙齿：你要他把目标拉高，他说我要付出多大多大的努力，多么难做，双方讨价还价。这一过程中没有客户、没有竞争对手在场，都是在自说自话。全世界公司里最大的小秘密就是不讲真话。"①

预算编制中的讨价还价不仅纵向地发生在上下级之间，也可能横向地发生于各个业务部门之间。例如，一个关注目标成本的组织可能要求各责任中心通过自主协商制定出中间产品的内部转移价格，这些价格将用作预算制定的基础数据。可想而知，两个责任中心的讨价还价通常旷日持久。

在这样的预算编制过程中，每个业务部门的管理人员都会放大对自己不利的信息，隐瞒对自己有利的信息②。拥有强大谈判能力的管理人员将成为胜利者，不擅长这种游戏的管理人员则将面临不利的局面。至于真实的业务情况究竟如何，采取怎样的行动能够改善公司的运营，这些重要的问题反而没有人真正关心。讨价还价使得预算编制成为本末倒置的行动。

（三）棘轮效应

参与型预算容易导致讨价还价的博弈行为的产生，一些企业为了避免下级管理人员人为扭曲预算而采用了自上而下的预算。上级为下级制定预算目标，

---

① 在参加"2004 杰克·韦尔奇与中国企业领袖高峰论坛"期间的讲话。

② Jensen M. C.："Paying people to lie：the truth about the budgeting process"，《European Financial Management》2003 vol. 9（3），pp. 379～406.

过程中并不征询下级的意见。通常，高层管理人员以当年的实际运营业绩与预算之间的差异作为制定下年预算的基础，武断地将各项指标提高或降低一定的幅度[①]。由于高管人员一般并不拥有具体业务运营的知识和信息，因此不得不假设"存在的就是合理的"，并对各项预算实行"一刀切"，这样一来，预算指标的合理性就得不到保障。

此外，使用这种预算编制方法，容易出现"棘轮效应"[②] 现象，即如果当年的实际经营业绩好于预算，下年预算将随之增加；但是，如果当年的业绩低于预算，下年的预算并不会相应降低。例如，如果当年的销售预算为 100 万元，销售人员实际达到的销售额为 120 万元，那么下年的销售预算可能就是 140 万元。但是，如果实际销售额仅为 90 万元，那么下年的预算并不会降至 90 万元以下。

棘轮效应以简单地向上滚动的方式制定预算，会引发业务部门的博弈行为。业务部门管理人员会以刚好达到预算为目标，尽量避免超出预算，否则今后几年里预算数字会不断水涨船高而变得具有挑战性。例如，苏联的中央计划人员根据历史经验来设定各工厂产量目标，达到目标的工厂将得到奖励，否则就要受到惩罚。结果，工厂经理们每年仅仅超出目标一点点，这样既可以获得当年的奖励，也可以保障下年容易获得奖励。再举个例子，有些销售人员为了避免当年的销售业绩太好，故意将一部分销售订单延期处理，以便将部分业绩分散到下一年。

（四）真实活动操纵

在预算年度期间，预算经常会诱使业务部门管理人员人为操纵真实运营活动，以达到调节反映运营业绩的财务数字的目的。这类"管理者为了影响会计系统的输出而改变运营、投资或融资交易的时点或者构造交易"[③] 的行为，在文献中被定义为真实活动操纵。

---

① Newing, R.："Advanced budgeting requires an advanced management system", Management Accounting: Magazine for Chartered Management Accountants 1994 vol. 72 (11).

② 杰罗尔德·齐默尔曼：《决策与控制会计》（第 6 版），东北财经大学出版社 2012 年版。

③ Gunny, K. A.："The relation between earnings management using real activities manipulation and future performance: evidence from meeting earnings benchmarks",《Contemporary Accounting Research》2010 vol. 27 (3).

管理人员为了达到预算而经常采取的真实活动操纵手段包括：在预算期末，要求发货工人加班尽可能多发货，或者将本应下年发出的货物提前到预算期末发出，以增加当年的销售额；为了刺激顾客在预算期结束之前购买更多产品而向顾客提供大幅度的折扣，或者宽松的信用或付款条件（如给予顾客更长的付款期间）；为了提高会计销售收入数字，在预算期结束之前用“销售不完就可退还”的产品来塞满经销商的仓库；故意削减研发支出、广告支出、员工培训支出等可操纵费用；要求供货商将本应在预算期末寄出的发票推迟到下一年度发出，以便将费用推迟到下年度①（Stewart，1990；CIMA，2004；Jensen，2003）。

1990年6月4日刊登在美国《财富》杂志上的《为何预算对企业有害?》一文指出，当预算用于业绩评价时，管理人员很可能会为了实现预算，而做出诸如追逐低价值顾客、大降价之类的蠢事。在2007年的一份针对美国管理人员的问卷调查中②，几乎所有的管理人员都承认，以下行为均发生在其所在组织中：在预算期末突击花光所有预算，否则明年的预算就要被削减；为了达到当年预算目标，暂缓必要的支出（例如，维修费、广告费、研发费）；在报告期结束之前，想方设法增加销售以达到预算目标；如果预算目标不可能完成，那么就“洗个大澡”。

真实活动操纵行为可以在短期内美化会计数字，但是它们往往会对企业长期的价值造成危害。企业很可能要为这些短视行为，不得不付出高昂的成本。例如，为了促销而放宽信用条件可能会导致应收账款无法收回；为了要让大顾客下大订单，而在价格沟通中没有还击能力，甚至以低于成本的价格销售；期末突击销售容易导致质量和服务水平的降低，大量的退回和返修不仅成本高昂，而且可能导致顾客的流失；削减研发费用和员工培训支出，很可能意味着产品和服务在未来将丧失竞争优势；削减广告费用可能导致销售份额的下降。

---

① Stewart, T. A.: “Why budgets are bad for business”, Fortune 1990 (Jun); CIMA:《Better budgeting: A report on the better budgeting forum from CIMA and ICAEW》2004 (Jul); Jensen M. C.: “Paying people to lie: the truth about the budgeting process”,《European Financial Management》2003 vol. 9 (3), pp. 379 ~ 406.

② Libby, T., & Lindsay, R. M.: “Beyond budgeting or better budgeting?”,《Strategic Finance》2007vol. 89 (2), pp. 46 ~ 51.

（五）会计数字操纵

《超越预算》[①] 一书的作者杰里米·霍普和罗宾·弗雷认为，个体层次的固定预算目标问题同样体现在组织层次方面。高层管理人员正是基于经过批准的预算数字，对资本市场做出业绩的承诺。高管们为了获得资本市场的鲜花和掌声，以及丰厚的物质奖励，往往倾向于承诺一个雄心勃勃的目标。一旦发现公司实际业绩无法达到预算目标，高管们将置身于经济和声誉惩罚的双重恐惧之下。贪婪和恐惧的两股强大动力合在一起，造就了“不惜一切代价达到目标”的企业文化。一旦这些企业文化建立起来，每当高管们发现当年难以实现预算时，就会对会计数字动起手脚，“管理”盈余成为快速提升业绩的“捷径”。当实际业绩与过于激进的预算目标太大时，有些组织甚至会铤而走险采用财务欺诈的伎俩。

吉列、可口可乐和花旗集团因为害怕失败，通过调整会计应计项目来操纵盈余。安然和世通公司走得更远，采取了更为极端的财务造假手段。据曾经在世通工作过的员工说，该公司的文化就是要尽一切办法满足首席执行官伯纳德·坦克伯斯的要求：“你会拿到一份预算，他会强制要求你比预算指标低2%，除此以外一切免谈。”

（六）其他预算执行中的不当行为

预算的一项常见特征是预算中止（或称为预算销蚀），即规定本年末尚未用完的预算余额不能转入下年继续使用，也不能用于预支下年的预算额度[②]。如果当年预算未用完，管理人员并不会因此受到奖赏，反而要面对上级对申请这些资源的必要性的质询。可以预见的结果是，上级大笔一挥将未使用的资源从下一期预算中砍掉。因此，管理人员把“不用白不用”作口头禅，赶在12月31日之前把未用完的预算额度全部花光，这种预算期末突击花钱的现象被称为“期末狂欢”。

在预算执行过程中，业务部门管理人员出于个人利益的目的，经常会有意歪曲信息，或者隐瞒对自己不利的信息。例如，有些管理人员偷偷将一个项目

① 杰里米·霍普、罗宾·弗雷泽：《超越预算：管理者如何跳出年度绩效评估的陷阱》，中信出版社2005年版。

② 杰罗尔德·齐默尔曼：《决策与控制会计（第6版）》，东北财经大学出版社2012年版。

的预算挪用到另外一个项目里，而上级对此一无所知。当出现问题时，很多管理人员的第一反应就是隐瞒不报，先自己想办法解决问题，如果解决不了，就设法掩饰问题。有时，隐瞒坏信息将带来灾难性后果，切尔诺贝利核电站事故就是一个典型的例子。“操作员和现场工程师向他们的上级主管人员隐瞒了发生的一些小事故。在操作日志上也常常不记录这些小事故。核电厂行政管理人员也掩盖了更为严重的事故和停工情况，因为他们的奖金和奖励与良好的记录挂钩。相关政府部门的官僚机构也隐瞒了建筑和设计上的失误，他们为了核工业部门的形象而不惜代价。”①

二、预算的高昂成本

一直以来，预算编制过程因为其耗时漫长、成本高昂而饱受指责。通常，预算编制过程是公司日程中的一个重要年度仪式。公司高层从每年的七八月份起就要着手准备下年度预算编制的准备工作。高管们首先讨论设定公司的目标，接着制定出一组战略计划，然后确定环境假设和限制因素（通常是销售收入）。这些公司目标、战略计划和预算假设构成了预算编制过程的框架。高层也会召开马拉松式的会议，会上部门经理们和高管们就预算目标和资源进行针锋相对的辩论，直到对它们达成一致意见。

接下来，公司向各部门下发预算表格。各业务部门根据预算假设编制所在部门的预算草案，然后送回公司总部。公司总部的预算部门首先要汇总所有的业务部门预算形成主预算，然后交由高层经理进行审批。通常，审批不会一次通过，高层经理会要求各部门重新修改部门预算。这一过程会反复多次，直到预算方案获得高层的批准。大型企业的预算编制过程还要复杂得多，因为涉及事业部、产品线、地区、部门等多个维度，预算编制的层次可能要达到 7 至 8 级，有的甚至达到 14 级之多。预算部门的负荷尤为沉重，业务部门经常擅自修改预算表格，填错数据的现象普遍存在，因而找到所需数据并将各草案合并起来需要耗费大量时间和精力。待到新的预算年度开始后，公司总部要求定期提供报告反映预算和实际结果之间的差异，并对差异进行分析和解释。不仅如此，还要针对差异采取行动，要么采取措施修正差异，要么调整预算。

预算编制过程的程序相当烦冗，其中充斥着持续性的政治角力，以及大量

① 转引自罗伯特·西蒙斯：《控制》，机械工业出版社 2004 年版。

的数据处理、更正与调整，因此不仅极为耗时，而且成本很高。20世纪末毕马威进行的一项调查显示：高级管理人员和财务经理有20%到30%的时间都耗费在计划和预算过程中[①]（Littlewood，2000）。美国永道会计事务所在对15个特大型企业进行调查时[②]发现，没有一家公司能够在3个月内完成年度预算的编制工作。其中，20%的公司需要7~8个月，20%的公司需要5~6个月，还有60%的公司需要4个月左右的时间。1998年一家美国咨询公司做的定标研究表明：一家公司平均在计划和绩效评估过程上所耗费的时间大致按照这个比例，即每10亿美元的收入就要投入超过25000个人工工作日。此外，制定预测平均要花21天，而制定财务计划平均要花上4.5个月的时间[③]。很多企业在估算过整个计划与预算过程的成本之后，都会大吃一惊。一家全球运输公司承认它每年花在计划和预算过程的成本高达3500万美金。福特公司的花费则更为惊人，估计每年的成本高达12亿美元。

三、对企业价值的威胁

（一）阻碍成本结构变革

控制成本和费用的支出可能是很多企业使用预算的首要目的。预算的确能够起到一定的成本控制作用，但是仅此而已，预算并不能帮助企业实现激进的成本削减。对于大部分企业来说，预算不过是强化了现有的程序和做法。通常，预算是在上年成本和费用的基础上增加或减少一点而制定出来的，这里暗含的假设就是“存在的就是合理的”。预算不要求管理人员分析和检查现有支出的合理性，更不要求员工提出削减成本的新办法，因此，预算更多地起到维持成本而非降低成本的作用[④]。

如果考虑到预算过程中常见的博弈和不正当行为问题，预算究竟能对降低成本起到多大作用就更值得怀疑了。例如，很多管理人员为了达到预算，会有意削减或暂缓正常的研发、维修和广告等支出。这样的行为不但无助于控制成

---

① Littlewood, F.: “Look beyond the budget”,《The Times》2000 (Jan 11).

② 亨利·明茨伯格：《公司战略计划》，云南大学出版社2002年版。

③ Hackett Benchmarking Solutions, http://www.thgi.com/pprfax.htm.

④ 杰里米·霍普、罗宾·弗雷泽：《超越预算：管理者如何跳出年度绩效评估的陷阱》，中信出版社2005年版。

本，还将威胁到企业未来的业绩。预算松弛现象的普遍存在，意味着大多数企业的预算都是相当容易实现的。那么，预算对于降低成本能够带来多大的压力呢？此外，预算还助长了期末狂欢现象，驱使管理人员花光一切预算。在这样的情况下，预算为成本设定的限额不是一个不能逾越的最高限额，而是一个不能再少的最低限额。成本被管理人员们当成了权利。当经理们为之你争我夺地相互博弈时，没有人还能记得成本是组织的稀缺资源这一事实。预算与其说是在严格控制成本，毋宁说是在严格保护成本。

（二）忽视顾客

预算与奖惩机制相连的结果经常是，管理人员将达到预算作为首要使命。当其他目标（例如顾客、质量等）与达到预算相冲突时，管理人员往往会毫不犹豫地把其他目标搁置一旁。当达到预算成为凌驾于企业价值之上的目标时，企业就已经走上了下坡路。1990 年 6 月 4 日《财富》杂志刊登的《为何预算对企业有害?》一文指出："预算关注一些不必要的项目，如人数，却忽略了真正重要的内容，如质量、客户服务，甚至是利润。更糟的是，预算在企业的各部门之间以及企业和其客户之间建立起高墙，阻隔了他们之间的联系。"

为了在预算期结束之前销售出更多的商品，管理人员会竭尽所能采取各种手段，例如通过大降价、提供宽松的信用或付款条件来刺激销售。但是，企业终将为这些短视行为付出代价。为了促销而放宽信用条件可能会导致应收账款无法收回；为了要让大顾客下大订单，而在价格沟通中没有还击能力，甚至以低于成本的价格销售；期末突击销售容易导致质量和服务水平的降低，大量的退回和返修不仅成本高昂，而且可能导致顾客的流失。

邓百氏和西尔斯公司付出了更为高昂的代价。20 世纪 80 年代末，邓百氏（Dun & Bradstreet）公司信用服务部门的销售人员为了提高订单销售，不顾客户实际需要，经常向顾客推销超出他们实际使用水平的服务。后来，一些客户发现到这一现象，将公司告上法庭，最后公司不得不支付 3800 万美元的赔款。汽车修理公司西尔斯（Sears）的管理人员为了达到维修定额，经常对不需维修的部位也予以修补，结果因此被判赔款 6000 万美元①。

---

① 罗伯特·西蒙斯：《控制》，机械工业出版社 2004 年版。

(三) 偏离战略

预算数据经常是在上年的历史运营数据的基础上进行的简单修改，与战略没有任何关联。预算编制更多的是一个博弈过程，没有多余的时间留给战略讨论。1998 年的一项调查①证实了这一点，将近 90% 的财务主管承认预算实质上是一个利益博弈过程，与企业的战略没有太大关系。换句话说，驱动预算编制的是组织内部的政治势力，而不是企业的战略需求。

亨利·明茨伯格搜集了研究战略与预算关系的众多文献，发现学者们一致认为战略计划和预算之间存在巨大的鸿沟②。Camillus 承认："在行动规划和预算之间的结构联系和内容联系是相关文献中最薄弱的部分。" Gray 指出："战略规划和预算之间的矛盾是最常见的不协调领域。" Novick 直截了当地表示："在多数预算中，所谓的规划不过是在当前经验的基础之上略作增长而成的计划而已。换个角度看，我们都知道计划从来不会变成预算。" Lorange 也有一致的看法，"许多预算没有明确地反映战略，而仅仅是一年一度的百分比更新"。

(四) 计划赶不上变化

很多学者认为传统预算不适应当今快速变化的商业环境③。管理会计教科书声称，人们可以在预算期间的任何时候对预算进行调整，但同时警告人们不得随意对预算做出调整，否则预算就丧失了严肃性。根据 Hackett Group 的调查统计，78% 的企业都不会在其预算年度内调整预算④。预算的编制工作一般是在预算年度开始前的 4 至 5 个月内确定的，商业环境的迅速变化往往使得预算假设在制定出来后不久就过时了。

(五) 阻碍灵活性

一些学者指出，在 20 世纪 20 年代针对稳定的商业环境设计出来的预算，

---

① Hackett Benchmarking Solutions, http://www.thgi.com/pprfax.htm.

② 亨利·明茨伯格:《战略规划的兴衰》，中国市场出版社 2010 年版。

③ Hansen, S. C., Otley, D. T., & Van der Stede, W. A.: "Practice Developments in Budgeting: An Overview and Research Perspective",《Journal of Management Accounting Research》2003 vol. 15.

④ CIMA:《Better budgeting: A report on the better budgeting forum from CIMA and ICAEW》2004 (Jul).

不适合今天的商业环境[①]。那时，市场状况相对稳定，产品的生命周期相对较长，顾客只拥有有限的选择，竞争对手是相对固定的，一个有效的战略可以适用多年，决策是由总部制定的。但是，在今天快速变化和充满不确定性的商业环境下，只有能够不断响应环境变化并持续创新的企业才能生存下来。传统预算模式强调的中央控制与按部就班，显然与灵活性的需求背道而驰。在以灵活至上为口号的今天，预算已沦为拖组织后腿的陈旧仪式，严重束缚了企业对环境的适应能力。

第二节
预算改进建议的文献回顾

自 20 世纪 70 年代起，预算的诸多弊端日益凸显，引发了学者和实务工作者的关注。在过去的 40 年间，人们提出了多种多样的预算改进建议，以试图解决预算所面对的部分问题。本书将这些建议划分为四类：第一类关注预算中常见的虚报预算问题，试图设计出一个能够引导管理人员如实预测并努力实现预算的报酬计划；第二类针对预算计划缺乏有效性的问题，提出对传统预算进行修修补补的方案，例如滚动预算或预测及零基预算等；第三类认为传统预算不能与充满变化的新环境相匹配，企业应将预算与新环境所要求的先进管理方法结合起来，例如基于价值的管理、作业成本法和平衡计分卡等；第四类则是由当代预算实践的核心组织——“国际高级制造”（全称为 Consortium for Advanced Manufacturing - International，下文简称 CAM - I）——于 90 年代提出的，该组织下属的两个小组分别提出了基于作业的计划和预算方案，以及超越预算方案。这两个方案是迄今为止最具有综合性和影响力的预算改进建议，两者对预算所持的截然相反的立场引发了人们对于保留预算还是摈弃预算的热烈讨论，至今尚未画上句号。

① 杰里米·霍普、罗宾·弗雷泽：《超越预算：管理者如何跳出年度绩效评估的陷阱》，中信出版社 2005 年版。

一、真实诱导型激励方案

一个具有代表性的观点认为，预算之所以会引发数不清的行为问题，根源在于预算与薪酬紧密结合在一起。一旦企业根据预算的实现情况来评价管理人员的业绩，管理人员不可避免地会为了达成预算而不惜采取一切手段，包括虚报预算、歪曲或隐瞒信息及操纵真实运营活动等不正当行为。因此，一些学者主张必须彻底改变现有预算的业绩评价方式，才能缓解组织中的负面行为问题。

在20世纪的70年代初至80年代末的20年间，学术界将焦点置于薪酬模型的设计上，理想的模型应该满足这样的要求——部门经理们只有在披露真实预测信息并且努力工作的情况下才能获得最高的报酬。这种试图引导管理人员如实汇报信息并达到或超过预算的方法，被称为“真实诱导型”报酬方案。传统的根据预算完成情况决定奖金的激励方法，则被称为松弛诱导型（slack inducing）报酬方案。文献中的真实诱导型激励方案可分为三类：一类方案基于苏联中央计划人员曾经设计并实施过的激励机制①：第二种方案是由格罗夫斯②设计的；较为近期的方案是由詹森在21世纪初提出的一种简单的线性薪酬模型③。然而，真实诱导型薪酬模型仅仅停留在理论上，并未在实践中得到推广。下面将阐述三种真实诱导型激励方案的原理、做法和优缺点。

（一）苏联激励模型

苏联激励模型惩罚那些设定容易实现的低产出目标的管理人员，同时奖励那些提出准确度高的预算方案并努力实现或超过目标的管理人员。Weitzman从理论上论证了该计划能够在不确定条件下有效缓解对下级的误导性激励以及下

---

① Weitzman, M. L.：“The new Soviet incentive model”, Bell Journal of Economics 1976 vol. 7, pp. 251 ~ 257; Ijiri, Y., Kinard, J., & Putney, F.：“An integrated evaluation system for budget forecasting and operating performance with a classified budgeting bibliography”, 《Journal of Accounting Research》 1968 (Spring), pp. 1 ~ 28.

② Groves, T.：“Incentives in teams”, 《Econometrica: Journal of the Econometric Society》 1973 (Jul), pp. 617 ~ 631.

③ Jensen M. C.：“Corporate budgeting is broken”, 《Harvard Business Review》 2001 (Nov); Jensen M. C.：“Paying people to lie: the truth about the budgeting process”, 《European Financial Management》 2003 vol. 9 (3), pp. 379 ~ 406.

级不真实披露私有信息的问题，结果将是下级愿意披露自己对未来业绩的真实预期并为实现目标而努力。

Weitzman 提出的真实诱导型报酬模型如下：

$B = B' + b(y'' - y') + a(y - y'')$　　当 $y \geq y''$ 时

$B = B' + b(y'' - y') + c(y - y'')$　　当 $y < y''$ 时

其中，B——下级的奖金；

y——实际业绩；

B′——上级预先设定的基础奖金；

y′——上级设定的初始预算；

y″——经过下级参与而调整后的预算；

a，b，c 分别是上次确定的奖励或惩罚系数，而且必须要满足 $0 < a < b < c$ 的条件。

由于 $a < b$，因此如果向下调低 y″而且之后的实际业绩超过预算，并不会带来奖金的增加。由于 $b < c$，因此如果向上调高 y″而之后没有达到预算，同样不会带来奖金的增加。最后，由于 $a > 0$，即使管理人员在实现无偏的预算之后，仍然有提高业绩的动机。

尽管该方案在理论上非常有吸引力，但是这一方法仅在中央计划经济下（例如苏联）的企业里应用过，自由市场经济下的企业几乎从来没有使用过。有三篇文献以实验的形式对苏联激励模型在实践中的有效性进行了检验，结果表明该方案仅在特定条件下能够起到降低预算松弛水平的作用，在激励员工努力提高业绩上的效果并不明显。Young① 的研究得到以下结论：（1）在不确定条件下的参与型预算会导致预算松弛的发生，即使实行真实诱导型激励方案亦是如此；（2）风险厌恶型的实验对象产生的松弛比非风险厌恶型对象更为严重；（3）当上下级之间不存在信息不对称（即上级对下级的业绩能力有充分了解）时，下级将感受到更大的社会压力阻止他误报预期业绩，社会压力与预算松弛之间存在显著负相关关系。因此，只有在上下级之间存在现象不对称（即上级不了解下级的业绩能力）的情况下，参与型预算中的真实诱导型激励方案才能起到作用。随着上级对下级业绩能力了解程度的增加，真实诱导型激励方

---

① Young, M.: "Participative budgeting: the effects of risk aversion and asymmetric information on budgetary slack", Journal of Accounting Research 1985 vol. 23 (2), pp. 829 ~ 842.

案的效力会减弱，原因是上级更不需要依靠下级提供的信息，以及下级将面对更大的社会压力阻止其提供不实的业绩预测。Chow 等[①]研究结论与 Young 较为一致，当上下级之间存在信息不对称时，真实诱导型激励方案将有助于降低松弛水平；但是，在信息对称的条件下，真实诱导型激励方案与松弛诱导型激励方案所诱发的松弛水平没有显著差别。接下来，Chow 等检验了不同激励方案对真实业绩的影响，结果显示真实诱导型与松弛诱导型激励方案下的真实业绩没有显著差异。进一步研究发现，不同激励方案和信息不对称程度对真实业绩会产生一定的联合效应。在信息不对称条件下，实施松弛诱导型激励方案将带来更好的业绩；但是当信息不对称不存在时，真实诱导型激励方案下的业绩会稍好一些。Waller[②] 检验了真实诱导型激励方案和风险偏好对预算松弛现象的联合效应。他的研究结果显示，当实验对象存在最大化松弛的动机时，风险中性型对象的预算松弛水平与风险厌恶型对象基本一样。但是，在采用真实诱导型激励方案之后，风险中性型对象的预算松弛水平显著下降，而风险厌恶型对象的预算松弛水平维持不变。也就是说，真实诱导型激励方案仅对风险中性型员工有效。

一般认为，苏联激励模型存在四个方面的局限性[③]：

第一，该模型的实施依赖于三项参数 a、b、c 的确定，而确定这些参数并不容易。企业必须要保证奖金的边际效用超出努力工作的边际负效应，这样才能起到激励员工努力提高业绩的作用。但是，问题在于预算人员往往难以猜测这些边际效用的水平。

第二，这种方法只适用于有最大化奖金倾向的管理人员。因此，这种方法只对风险中性型的员工有效，而对风险厌恶型的员工无效。这一点得到了 Waller 实验研究的支持。风险厌恶型管理人员为了在风险和报酬之间取得平衡，很

---

① Chow, C. W., Cooper, J. C., & Waller, W. S.: "Participative budgeting: Effects of a truth - inducing pay scheme and information asymmetry on slack and performance",《The Accounting Review》1988 (Jan), pp. 111 ~ 122.

② Waller, W. S.: "Slack in participative budgeting: The joint effect of a truth - inducing pay scheme and risk preferences", Accounting, Organizations and Society 1988 vol. 13, pp. 87 ~ 98.

③ Jennergren, P.: "On the Design of Incentives in Business Firms - A Survey of Some Research",《Management Science》1980 (Feb), pp. 180 ~ 201; Chow, C. W., Cooper, J. C., & Waller, W. S.: "Participative budgeting: Effects of a truth - inducing pay scheme and information asymmetry on slack and performance",《The Accounting Review》1988 (Jan), pp. 111 ~ 122.

可能会设定一个难度稍微低一些的预算，尽管这样得到的收入会受到一点影响，但是能够规避由于达不到预算而不得不承受的风险。此外，真实诱导型激励方案若要有效，还必须确保组织内没有其他因素会对下级管理人员决定是否说真话产生影响。

第三，该方案是一个简单的单期间激励计划，没有考虑到用于多期间激励的可行性。在单个期间内，下级管理人员只需考虑当期可能获得的经济回报。但是，在多个连续期间内工作的管理人员则不得不考虑在当期和未来数期所能获得的经济回报的总额。通常，如果下级管理人员在某个期间取得优秀的业绩，那么上级管理人员将把这一优秀业绩作为下期预算的基数，也就是常见的"棘轮效应"（ratchet effect）。这意味着等到了下个预算期，下级管理人员必须投入更多的努力，同时还要面对更高的无法实现预算的风险。也就是说，如果下级管理人员决定最大化某单个期间的报酬，那么他将丧失更多的来自未来多期的报酬。因此，在多期间内，理性的管理人员会计算当期的预算和实际业绩对未来多期报酬的影响，然后决定如何向上级报告才能实现多期间利益的最大化。结果往往是管理人员倾向于低报预期业绩，而且在每一个预算期只完成比预算好一点点的业绩。这种策略才能够实现管理人员在多个期间内的利益最大化，正如人们在苏联企业里观察到的情况一样。

第四个局限性可能更为重要。当苏联激励模型单独用于激励时，它可能会有一定的效果。但是，如果上级管理人员同时依赖该方案制定的预算来指导组织内资源分配时，下级管理人员会产生歪曲数字以争取更多资源的动机，从而导致该方法的失效。因此，当管理人员需要根据预算分配资源时，他们应该使用其他的激励计划。

（二）格罗夫斯激励模型

格罗夫斯①提出了一种能够诱导部门管理人员在资源分配时披露真实信息的激励模型。与苏联激励模型相比，格罗夫斯模型的优点在于它能够在组织内部多个部门同时竞争稀缺性资源的情况下，促使部门管理人员如实披露信息。

通常，高层管理人员根据各部门经理提交的所在部门的预测业绩，把组织

① Groves, T.："Incentives in teams"，《Econometrica：Journal of the Econometric Society》1973（Jul），pp. 617－631.

资源在多个部门之间进行分配。如果各部门经理所获报酬完全取决于其所在部门的实际业绩，而没有考虑到该部门对所获资源的使用成本，那么，理性的部门经理将在资源分配决策过程中扭曲信息，尽可能高估资源的使用收益，以便争取到更多的资源。为了解决这个问题，一个可行的方法是设计出一个能够防止各部门高估资源使用收益的业绩评价指标。这就是格罗夫斯模型的原理。

格罗夫斯激励模型的形式如下：

$B = B' + k\ (Q + R)$

其中，B——部门管理人员的报酬；

B′——工资基数；

k——一个表示利润份额的常量；

Q——企业中所有其他部门预期利润的总和；

R——该部门的实际利润。

由于R等于该部门预期利润与预算执行差异之和，因此上面的函数可以改写为：

B = B′ + k（公司所有部门预期利润之和 + 部门的预算执行差异）

在格罗夫斯激励模型下，如果一个部门试图将其报酬最大化，那么该部门管理人员将会有以下行为：首先，由于部门报酬受企业整体预期盈利水平的影响最大，因此各部门经理会综合考虑所在部门使用资源的成本和收益，以及其他部门使用资源的成本和收益。这样会避免各部门以自我为中心，只考虑争取更多资源，而不考虑资源使用效益的倾向。同时，该报酬模型促使各部门经理提供真实的预测信息，消除人为扭曲信息的现象。再者，各部门的预算执行差异将影响管理人员所获报酬，因此管理人员会努力达到或超过预算，以获得更多的报酬。这部分的薪酬主要取决于各部门管理人员的主观努力，因此能够对管理人员起到激励作用。此外，各部门管理人员所获报酬与其他部门的预算执行情况无关，不会受到其他部门的预测准确性和执行情况的影响。每个部门都要承担本部门预测失误和执行差异的全部后果，这些不会影响其他部门管理人员的薪酬数额。因此，该方案既能够鼓励各部门在资源分配中考虑整体利益，同时又能独立地、公平地根据各部门的表现确定其报酬。

综上所述，格罗夫斯激励模型将带来三个理想的结果：各部门都愿意提供对未来业绩的准确预测；各部门都试图将本部门实际业绩（实际利润）最大化；各部门的业绩评价都独立于其他部门业绩预测的准确性和实际业绩的

好坏。

与苏联激励模型类似，格罗夫斯激励模型在实践中的可行性和效果都令人怀疑。首先，要实施该模型首先需要确定参数 B′和 K，而确定恰当的参数值是非常困难的。如果设置不当的话，管理者的报酬可能过大，也可能过小。其次，该模型也只适用于风险中性型的管理人员。如果组织中存在风险厌恶型或偏好闲暇的管理人员，该方法就会失效。例如，如果存在一位风险厌恶型的部门经理，他会要求分配到较少的资源。如果其他风险中性型的部门经理觉察到这一点，那么他也会低估本部门的资源使用效率，以使更多的资源分配给前一部门。如果类似的反应连锁发生在组织中，那么该方案的特征就被破坏了。此外，该模型只是简单地考虑单个期间的决策。在多个会计期间的背景下，“棘轮效应”可能干扰管理人员如实汇报业绩预测。最后，该模型将利润作为评价业绩的指标，而单一财务指标的使用对资源分配和激励的负面作用一直为人所诟病。

（三）线性薪酬计划

21 世纪初，会计学者詹森提出了一种他认为简单又实用的薪酬计划①。他的主要观点为：(1) 预算引发了数不清的博弈现象和不正当行为，结果给组织的盈利能力带来了极大的损害；(2) 预算和薪酬的结合是预算问题的根源；(3) 若要解决预算问题，必须切断预算和薪酬的联系，只有这样才能消除管理人员进行博弈的动机。他提出了一种简单而大胆的线性薪酬计划，该计划有两个特点：管理人员的薪酬只决定于他所在部门或单位的业绩，与是否达到预算无关；薪酬与业绩之间是纯粹的线性关系，不存在上限和下限，没有任何其他附加条件。

詹森主张，管理人员的薪酬不与任何事先确定的标准挂钩。预算与薪酬无关，因而管理人员也就没有说谎和博弈的需要。由于薪酬与业绩之间线性相关，而且不设上下限，因此鼓励管理人员努力争取更高的业绩。

这个计划听起来简单易行，但是实施起来困难重重。线性薪酬计划由于不设上下限，因此不适当的参数（截距和斜率）带来的后果将更为严重。如果斜

---

① Jensen M. C.: “Corporate budgeting is broken”,《Harvard Business Review》2001 (Nov); Jensen M. C.: “Paying people to lie: the truth about the budgeting process”,《European Financial Management》2003 vol. 9 (3), pp. 379 - 406.

率较小，那么对员工的激励可能不足；如果斜率较大，则可能给企业的财务带来相当大的风险，例如企业缺少足够的现金留存用于再投资。企业通常都面临设定薪酬上下限的压力。如果没有设定下限，那么在吸引和保留员工方面可能处于不利局面；如果没有设定下限，收入最高的员工可能获得比平均水平高得多的收入。不设上下限将导致员工之间存在巨大的收入差距，这会引发组织内部的冲突、纷争和矛盾。另一方面，与其他基于财务指标的业绩评价方案一样，该计划无法分离出不可控因素对于业绩和薪酬的影响。这两方面的影响叠加在一起，会迅速激化组织内部的矛盾。例如，有些员工会对其他部门（或其他单位）的员工因为运气好而获得高得惊人的收入感到愤愤不平，甚至怒气冲天。

另外一个问题是，如果线性薪酬计划能够消除管理人员的博弈动机，那么它也很可能会削弱业绩指标的激励作用。在传统薪酬计划下，预算目标构成一个边界，在其上下的薪酬存在显著的差异。在线性薪酬计划下，由于没有设置下限，薪酬随业绩平缓增长，这样对于风险厌恶型的管理人员难以起到有效的激励。

此外，线性薪酬计划同样无法消除“棘轮效应”导致的预算松弛。管理人员知道，在多个连续预算期间内线性薪酬计划的参数会每年进行一次修正，某年的好业绩很可能导致明年薪酬计划难度的增加。因此，管理人员仍然存在低报预算的动机。

最后，线性薪酬计划以财务指标为基础确定薪酬，因此也无法避免使用财务指标评估业绩的诸多缺陷。

二、传统预算模型的渐进式改进

很多学者认为，预算在计划职能上的失效是预算的最大问题。20 世纪 70 年代中期，少数先驱企业设计出零基预算方法。由于该方法实施成本高昂，从未在实践中得到广泛推广。到了 90 年代，企业越来越重视滚动预测与预算，希望通过提高预测和计划频率，恢复预算方案的有效性。这两种方法都是针对传统预算提出的小幅增量式改进。

（一）零基预算

20 世纪 70 年代中期的美国企业处于十分艰难的经济环境之中，石油价格

上涨和通货膨胀的双重压力导致企业成本不断上升。一部分高管们开始认识到，原有的预算过程无法实现大幅降低成本的目标。原因是每年的预算往往是在上一年基础上的酌量增减，例如收入或费用支出增长某个百分比，这样的预算实践牢牢保护着已有的成本结构，根本无法对现有的费用支出提出挑战。于是管理顾问们设计出了零基预算方法，要求每项可控成本的预算都从零开始。管理人员必须为每项支出的数额给出合理解释，这样就避免了预算的官僚主义和形式化。一些人认为零基预算是20世纪70年代至90年代间人们在克服传统预算缺陷上面取得的最大进展①。

事实证明，零基预算能够避免机械地沿用上年数字的现象，更有效地降低可控成本。但是，零基预算的实施成本过高，没有企业能够每年都从零开始编制预算，通常最多3至5年进行一次。在不断变化的环境下，零基预算无法为预算质量提供持续性保证。

（二）滚动预算与预测

滚动预算与预测是很多企业为了使预算和预测适应不断变化的环境而做出的尝试。这方面的常见做法包括滚动预算、持续计划（perpetual planning）和滚动预测。传统预算实践中，企业编制预算的周期较长，最常见的情况是每年一次，而且期间很少做出调整。在不断变化的环境下，传统预算在编制出来之后很快就会过时。滚动预算与预测通过经常性的甚至连续性的预测、计划与预算过程来解决预算失效的问题，使得预算能够在不确定环境下仍然维持有效性。它们也解决了人为固定预算周期所带来的问题，企业可以根据环境变化和实际需要决定预算编制的时间和周期，而不是机械地在年底开始编制预算。

尽管模型构建和信息技术能够实现滚动预测的部分自动化，但是滚动预算既无法消除预算编制过程中的博弈现象，也无法缓解预算威胁企业价值的诸多弊端。

三、基于先进管理方法的改进建议

20世纪末期流行的一大串先进管理方法如Kaizen管理、基于价值的管理、作业基础管理和标杆法为陷入困境的预算点燃了希望之光。学者们和企业高管

---

① 杰里米·霍普、罗宾·弗雷泽：《超越预算》，中信出版社2005年版。

们试图将预算与先进管理理念融合起来，提出了包括 Kaizen 预算、基于价值的预算、作业基础预算、基于标杆业绩的主观评价、战略预算在内的多种预算改进建议。人们期望，在先进管理方法的帮助下，预算能够成功摆脱自身的种种弊端。

（一）Kaizen 预算

Kaizen 一词来源于日本企业的管理实践。日本企业强调持续的改进，认为业绩的增长来源于持续的、渐进的、累积的小改进，而不是重大的突破。这些小的改进通常都是由身居一线员工和管理人员提出并付诸实施的，他们对具体的业务运营最为熟悉，只要他们有热情、爱思考、肯钻研，就能在工作中不断寻找出改进现有做法和流程的新点子。一些日本公司如丰田公司和西铁城手表将 Kaizen 方法与预算相结合，通过将预算期内预计的持续改进纳入预算，来达到持续降低成本的目的。

丰田公司按照以下步骤依次进行 Kaizen 预算的编制。首先，董事会为下一预算期间设定目标利润。接下来，为现有产品的变动成本设定相应的目标变动成本。根据当前变动成本水平预期下年的变动成本减去目标变动成本所得到的差值便是 Kaizen 预算值。下一步，生产委员会决定如何将 Kaizen 预算值分配到各个生产过程和各个工厂（如铸造、冶炼、机制、车身成型、总装）。在预算执行过程中，公司鼓励员工积极提出改进建议，包括削减材料成本、改进工程技术、改进生产程序等方方面面的好想法。据统计，1999 年丰田公司员工一共提出了 63 万项建议，其中 99% 的建议已经被采用①。可见，Kaizen 预算的奥秘在于其充分激发出员工的积极性和创造性，企业通过不断的“微创新”来改进现有的工艺、方法、流程、技术，实现利润的增长。日本优秀企业的成功与其强大的企业文化密不可分，只有在一个尊重、赏识、信任、协作的文化氛围下，员工才能齐心协力地为降低成本、增加利润投入全部的精力。

（二）基于价值的预算

20 世纪末，“股东价值最大化”的口号掀起了一阵旋风，吹遍了整个管理

---

① 罗纳德·希尔顿：《管理会计学：在动态商业环境中创造价值（第 5 版）》，机械工业出版社 2003 年版。

和会计领域。根据普华永道会计师事务所于 1997 年撰写的一份研究报告，实现股东价值最大化是当时全球范围内财务总监的首要职责。学术界和实务界一致认为，企业的目标是使股东价值最大化，股东价值的大小取决于投资者对未来现金流的预期，而创造持续现金流的能力取决于业务的可赢利性和公司的成长性。

信奉“股东价值最大化”的学者们提出了基于价值的管理（Value Based Management），它为在相当长的一段时间内管理股东价值创造提供了一个正式且系统化的方法。它包含 3 个元素：信念、原则和过程①。该方法强调，组织内部所有的管理工具包括公司治理、组织结构、战略、规划和预算、绩效管理和员工报酬，都应与股东价值创造联系起来。企业运用股东价值分析来制定战略，各个战略业务单元运用股东价值计算模型来为价值创造活动制定决策。同样重要的是，战略层次的决策应当与经营的决策整合起来。这意味着预算不仅要体现财务上的股东价值，还应反映运营过程中的价值创造活动，并将两者联系起来。预算应根据各个组织单元的价值创造能力决定资源的分配②，而不是由博弈结果来主导。在业绩评价与激励方面，企业应以员工创造的价值为基础决定他应获得的报酬，而不是基于财务指标或讨价还价。支持者们认为这一方法有助于组织将预算与计划和战略与股东价值联系起来。他们相信，使用该方法后，各业务部门创造了多少价值将变得十分清晰，有助于各业务部门实现向价值创造中心的转变。

但是，几乎没有人能提供具体的操作技术，关于这个方法的讨论基本都是停留在概念上③。基于价值的预算更多的只是口号，而缺乏实质性的指导内容。没有人清楚宏观层次的资本市场价值如何与企业内部微观层次的业务活动之间如何就价值创造建立联系。一些评论者甚至认为太多的企业过于关注价值计量而不是价值管理，反而限制了对价值创造的关注④。

---

① Neely, A., Sutcliff, M. R., & Heyns, H. R.:《Driving value through strategic planning and budgeting: A research report from Cranfield School of Management and Accenture》, New York: Accenture 2001.

② 玛格丽特·梅：《财务职能转变与公司增值》，电子工业出版社 2002 年版。

③ Burton, A.: “Shareholder Value Budgeting”,《Management Accounting (UK)》1996 (Jun).

④ Kilroy, D. B., & Mc Kinley, M. T.: “Stop analyzing and start thinking: the importance of good thinking skills in a value - managed company”,《Management Decision》1997 vol. 35 (3), pp. 185 ~ 194.

（三）作业基础预算

罗伯特·卡普兰教授在 20 世纪 80 年代初提出了作业成本法的完整模型。传统的成本计算方法停留在“职能部门”层次的成本分析上，例如，主要生产部门、辅助生产部门、管理部门、销售部门发生的费用。而作业成本法对成本的分析细化到了“作业”的层次。作业成本法的指导思想是“作业消耗资源，产品消耗作业”。它以作业为核算对象，跟踪作业对资源的消耗情况以计算出作业的成本，并根据产品对作业的消耗情况追踪产品成本的形成过程。作业成本法将投入（资源）与产出（产品）更好地结合起来，这是提高成本准确性的关键。

在作业成本法的巨大影响下，管理咨询师和学者们纷纷建议在预算过程中引入作业成本的概念，这种预算方法称为作业基础预算（Activity - based Budgeting）。作业基础预算可以将预算的各项功能从粗放的部门层次，深入到细节的作业层次，能够极大地改进预算数字的质量。作业基础预算的步骤与作业成本法正好相反。作业成本计算遵照两步成本分配过程。第一步是将间接费用分配到作业成本库中，并为每一作业成本库确定适当的成本动因。制造型企业一般收集组织内关键的作业信息，如工程设计、材料处理、设备安装、生产计划、检查、质量控制和采购等，并汇集到相应的作业库中。第二步是根据各项作业的成本动因将消耗的作业量分配到产品或服务中。作业成本法首先将资源（投入）成本分配到各项作业中，然后将作业成本分配到产品或服务（产出）中。而作业预算法则首先根据对产品或服务需求的预测推算出所需消耗的作业量，然后再推算出这些作业量所需消耗的资源量①。

该方法的支持者认为②，将作业成本法嵌入在预算过程中，能够帮助组织从作业成本和作业管理中获得真正的、持续性的回报。作业成本信息在资源消耗、作业消耗和产品成本之间建立了明确的关系，使得会计人员能够深入了解经营计划和产品成本构成。他们相信，与基于博弈的传统预算相比，基于数据分析的作业基础预算方法得出的预算方案更为合理、可信并且具有可行性，因

---

① 罗纳德·希尔顿：《管理会计学：在动态商业环境中创造价值（第 7 版）》，机械工业出版社 2009 年版。

② 罗伯特·卡普兰、安东尼·阿特金森：《高级管理会计（第 3 版）》，东北财经大学出版社 2012 年版。

此企业能够更合理地利用组织资源，并做出更适当的运营安排。

作业基础预算法还能够揭示出成本动因（例如生产批次）的波动将如何影响产品成本和利润[①]。在传统预算法下，调试费用、采购和材料处理成本、质量控制与检测成本等类型的成本由于不随产量的波动而发生变化，因而被视为固定成本。然而，作业成本理论认为如果管理人员能够仔细确认合适的成本动因，这些成本事实上也是变动的。作业基础预算法因而能够帮助管理人员在编制预算时认真分析并识别固定成本中的潜在浪费，进而进一步节省成本。

作业基础预算理论提供了详细的程序和方法指导，因而具备较高的可行性。但是，作业基础预算的局限性也很明显。首先，作业基础预算关注的仍然只是成本，而非价值创造。作业基础预算的主要优势在于对产品成本的形成和累积过程有很好的把握，因此能够更有效地控制运营过程和成本。成本是作业成本法和作业基础预算的核心。其次，尽管学者们希望建立作业基础预算和战略管理，以及价值创造的联系，但是作业如何与战略相连、作业如何与价值创造相连，一直没有人能够解释清楚。它们至多只能产生十分有限的联系，而无法产生学者们所期望的紧密联系。即使学者们能够牵强附会地建立起它们之间的联系，企业经理们也会发现难以操作。

（四）基于标杆业绩的主观评价

受到20世纪末期流行的标杆管理方法的影响，一些学者和企业高管[②]支持采用标杆基准法，并结合主观评价来确定管理人员的奖金。首先，为各个预算单元确定一个同级别的标杆集。这些标杆可以是企业所在行业中的领先企业或者企业的主要竞争对手，也可以是企业内部的其他单位（或部门）。然后，比较各个预算单元的实际业绩与标杆单位的实际业绩。不仅如此，在评价预算单元的业绩时，还应考虑到其他财务和非财务因素，包括竞争环境的变化、实际业绩与过去业绩的比较、市场份额的变化、现实的战略机会和困难等。可见，这种方法的应用离不开公司高层经理的主观判断。

该方法的支持者认为，通过分离决策管理（即计划、控制）与决策控制（即业绩评价、激励），管理人员就不再有虚报预算和博弈的动机。而且，高管

---

① 普华永道：《首席财务官：公司未来的建筑师》，北京大学出版社2002年版。

② 杰里米·霍普、罗宾·弗雷泽：《超越预算》，中信出版社2005年版；杰克·韦尔奇、苏西·韦尔奇：《赢》，中信出版社2010年版。

使用个人的判断力来对管理人员的业绩做出评价并确定奖励数额，这种方法如果使用得当的话，能够更为准确地衡量出在灵活多变商业环境下工作的管理人员的实际业绩。支持者们坚信，在变化多端的商业环境下它是唯一能够公平而准确地对管理人员的实际业绩做出判断的方法。

反对者①认为这种方法存在明显的局限性。首先，外部标杆企业的业绩并不容易定期获得。至于别的企业内部各个运营单元的业绩，更是属于私有信息，一般难以通过公开渠道获得。其次，采用相对业绩评价方法并不能保证博弈行为的消失，部门经理们仍然有可能就如何确定标杆单位与高层进行博弈。主观评估的效果由于取决于高层经理的个人特征而难以得到保证。如果高层经理不能保持公正，或者判断力欠缺，都可能导致不恰当的评价，继而对员工产生负激励。更重要的是，预算与奖惩的挂钩只是预算问题根源的一部分，即使斩断了两者的联系，预算引发的博弈问题仍然非常严重，就像人们在很多欧洲企业里看到的情形一样②。

（五）战略预算

罗伯特·安东尼在 1965 年提出的管理控制理论产生了如此巨大的影响，使得基于会计的控制方法成为企业广泛使用的控制手段。预算作为唯一一个能够整合几乎所有管理功能的工具，理所当然地植入到企业实践中。安东尼的理论成功地强调了管理控制，却同时削弱了人们对于运营管理和战略计划的关注。这一空缺终于在 20 世纪 90 年代被卡普兰和诺顿填补上，他们开发了平衡计分卡将运营业绩与战略目标联系起来。之后，他们在 2001 年又设计出战略地图，帮助人们绘制战略目标和经营活动目标之间的因果关系。借助这两个工具，管理人员能够实现运营活动与战略计划之间的映射过程。卡普兰和诺顿建议企业在制定预算时，不仅编制运营预算，还应编制战略预算，这样才能保证战略执行能够获得所需资源③。

在卡普兰预算模式中，预算一边与运营活动相连，另一边通过平衡计分卡

---

① 杰罗尔德·齐默尔曼：《决策与控制会计（第 6 版）》，东北财经大学出版社 2012 年版。

② Campbell, A., Shaw, D., Adams, W. W., & Jensen, M. C.: "Corporate budgeting is broken",《Harvard Business Review》2002 (Mar).

③ Kaplan, R., & Norton, D. P.:《Linking strategy to planning and budgeting, Balanced scorecard collaborative report》, Harvard Business School 2000.

与战略相连（见图 2－1）。该模式保证了预算与战略的一致性，具体步骤如下：第一步，确定影响最大的关键流程。第二步，依次设定目标（Objectives）、指标（Measures）和基准值（Targets），并确保关键流程能够实现各项目标（例如客户目标、财务目标）的基准值。第三步，识别战略执行所需的各项资源，评估并提高战略资源的准备情况。第四步，确定战略执行计划并编制预算。遵循以上步骤编制而成的预算能够保证战略实施计划是可行的，而且是能够实现的。卡普兰强调，预算不仅是实施战略目标的工具，而且预算反馈的信息也会导致战略的调整。

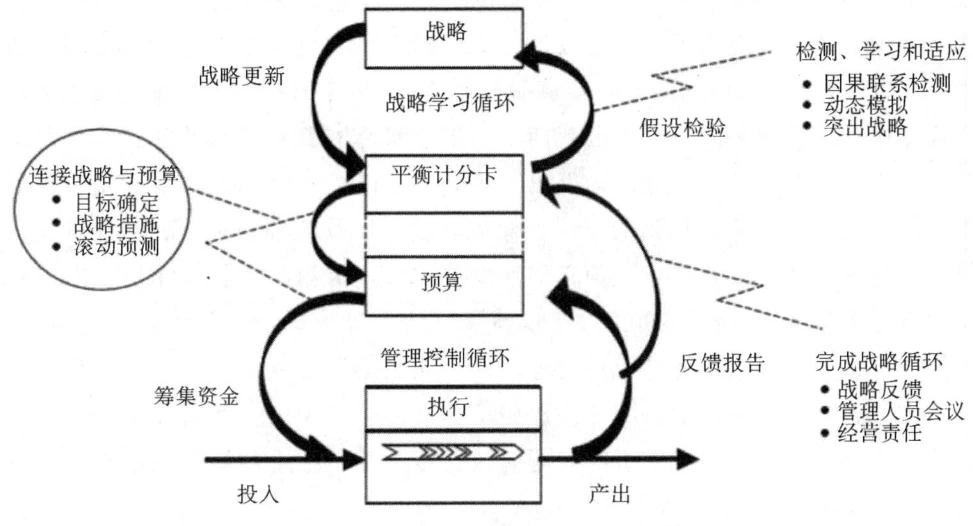

图 2－1　与战略和平衡计分卡联系的预算

资料来源：Kaplan，R.，& Norton，D. P.，Linking strategy to planning and budgeting，Balanced scorecard collaborative report，Harvard Business School，2000。

卡普兰将预算视为支持战略计划的制定，以及反映战略实施结果的工具。同时，他坚决反对把平衡计分卡当成员工业绩考核工具。他认为，如果企业单纯为了考核员工而引入平衡计分卡，最后往往都要失败。

结合了平衡计分卡和战略地图技术的预算模式在理论上能够实现运营和战略的无缝连接，但是很多企业在实践中却发现难以把四个维度之间的因果关系分析清楚，也难以描绘战略与运营之间的逻辑关系。也许，现实世界中反映企业的成百上千个因素之间的关系是错综复杂的网状关系，而非简单明了的线性关系。对很多企业而言，卡普兰模型可能过于理想化而脱离现实。

四、CAM－I组织的预算改进综合方案

在所有为预算改进所做的努力中，影响最大、成果最丰的预算改进方案是由一个名为“国际高级制造”（全称为 Consortium for Advanced Manufacturing－International，简称 CAM－I）的产学研合作组织做出的。该组织成立于20世纪70年代，目前在北美洲、欧洲和日本都有会员和分支机构。CAM－I早期关注计算机辅助制造（Computer aided manufacturing）领域，之后在80年代后期致力于推动和传播作业成本法和作业基础管理方法。进入90年代后，鉴于批评预算的呼声一浪高似一浪，该组织下设的两个小组将主要精力投入到改进预算的研究中，并各自提出了自己的改进方案。两个小组分别是美国的 CAM－I 成本管理系统小组①和英国的高级预算研究小组②。由于 CAM－I 与作业成本法和作业基础管理法的渊源颇深，因此两个小组最初都沿着基于作业的思路来寻求改进预算的答案。但是，最终却得出了相反的结论。美国小组提出“基于作业的计划与预算”方法，认为通过与作业成本法、作业基础管理法、产能管理法等其他先进管理方法的结合，预算仍然能够有效地为组织服务。相反，欧洲小组的观点十分激进，他们提出“超越预算”的口号，认为预算已经无药可救，试图改进预算的尝试终将是无功而返的，企业必须彻底地抛弃预算，并代之以其他的管理方法才是正解。两种截然相反的结论一经抛出，便引发了广泛而持久的争议与讨论。人们对于组织究竟应该保留预算、改进预算还是摈弃预算各执一词，莫衷一是。

（一）基于作业的计划与预算

CAM－I下属的美国成本管理系统小组（之后更名为成本管理系统、基于作业的计划与预算小组，下文将简称为 ABB 小组）将预算的主要问题界定为：（1）开发年度预算耗费太多时间，以及预算编制涉及太多循环；（2）预算编制沦为博弈过程，预算的确定缺乏可信依据，削弱了预算的计划效用；（3）预算缺乏与战略的联系。ABB 小组认为，这些预算问题的主要根源在于预算与计划的失衡，很多企业将大量精力花在编制明细项目预算上，但是每轮预算循环提

---

① 英文全称为 the Consortium for Advanced Manufacturing－International, Cost Management Systems, Activity－Based Planning and Budgeting Group。

② 英文全称为 Consortium for Advanced Manufacturing－International, Advanced Budgeting Study Group。

出的数据在运营和财务上都是不可行的。ABB 小组进而提出，改进预算的关键在于将其置于一个更有效的计划基础之上，提高计划制定的效率和效果是增加预算有用性和可用性的前提①。

ABB 小组的研究成果是其称为“基于作业的计划和预算（Activity - based Planning and Budgeting，下文简称 ABPB）”的闭环模型，如图 2 - 2 所示。该模型以基于作业的视角将计划与预算结合起来，同时强调在编制财务预算之前应该首先编制出可行的运营计划。ABPB 模型以建立或评估组织战略为起点，接下来的主要部分包含两个阶段。在阶段 1（又称为运营闭环），企业根据组织战略和预期需求（如产品、服务、顾客等）为各个职能领域创建资源需求。具体做法是：采用作业概念根据作业消耗率②将预期需求转换为作业需求，然后根据资源消耗率③将作业需求转换为资源需求。一旦清楚了作业和资源耗用需求，就可以在满足需求所需的资源量以及可用的资源量（产能）之间达成运营上的平衡。运营平衡的重要意义在于它完全是以非财务数字（例如，所需的资源时间必须与可用产能的资源时间相平衡）表达的。如果最初的计划达不到平衡，那么企业就需要调整需求量、可用资源量（产能）、资源消耗率或者作业消耗率。相比之下，使用传统预算方法的企业只能通过调整需求量或可用资源量来实现预算平衡。

在阶段 2（又称为财务闭环），企业根据阶段 1 产生的运营计划来编制财务计划。当财务计划能够实现事先确定的财务目标时，财务平衡就实现了。一旦组织了解了需求、作业和资源，它就能够确定资源的成本，并且跟踪资源成本到作业成本、再从作业成本到产品或服务的最终成本。管理人员可以查看预期的整体财务业绩，也可以将财务业绩根据资源、作业、流程、产品或其他成本对象来分解查看。如果最初的财务计划达不到平衡，企业可以通过调整 5 项元素来实现预算目标：（1）作业和资源消耗率；（2）可用资源量；（3）资源成本；（4）产品或服务需求量；（5）产品或服务的价格。传统预算过程由于没有收集作业和资源消耗率的信息，因而在调整财务预算上的空间较为有限。一旦组织实现了运营和财务上的双重平衡，它就创建好了一份特定期间的“正式预算”。

---

① Sandison, D., Hansen, S. C., & Torok, R. G.: “Activity - based planning and budgeting: A new approach from CAM - I”, Journal of Cost Management 2003 (Mar/Apr) vol. 17 (2), pp. 16 - 22.

② 指产生一单位需求所需的各项作业量。

③ 指执行一次作业所需的各项资源耗用量。

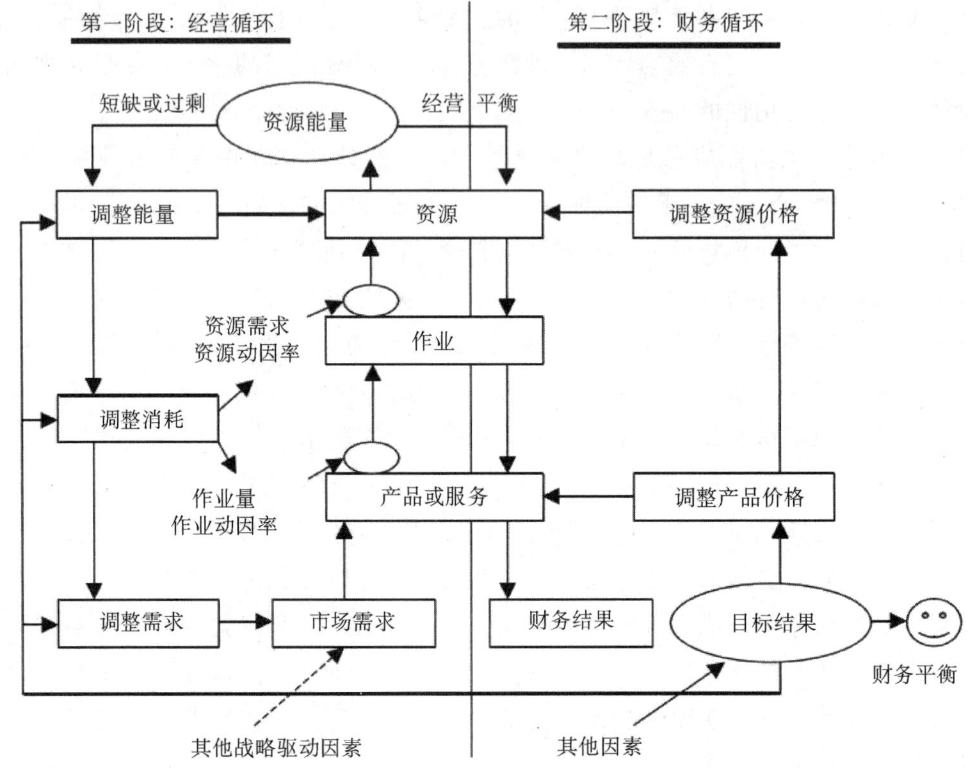

图 2-2　CAM-I 基于作业的计划和预算闭环模型

资料来源：Consortium for Advanced Manufacturing - International. Cost Management Systems. Activity - Based Planning and Budgeting Group。

ABB 小组特别指出，ABPB 闭环模型并不是用来取代传统预算的。相反，该模型是传统预算的补充。原因是某些类型的费用（例如董事会费或建筑物租金）与产品或服务的需求无关，因而适合采用传统预算方法。闭环模型适用于那些声称可识别的、可清楚定义的产品或服务的组织单元，或者那些具有清晰流程的组织单元。总之，一个企业完整的预算应该由两部分组成：一部分由闭环模型产生；另一部分由传统预算方法产生。

与 CAM-I 组织的一贯立场相同，ABB 小组认为企业最佳实践是建立在一系列协调并集成的先进管理方法之上的。ABPB 不应只作为一个独立的管理工具而存在，正确的做法是将 ABPB 过程与其他先进管理方法有机地整合起来。具体来说，ABB 小组建议企业应该将 ABPB 与平衡记分卡、绩效管理与标杆法、资源管理行动、持续流程改进、目标成本运动和六西格玛运动结合起来，

创建出一流的整体管理体系。

ABB小组认为，ABPB方法大幅提升了预算的计划功能。它以作业和资源为基础编制预算，因而深入到运营的低层细节，揭示出资源（投入）和产品或服务（产出）之间的因果关系，剖析了成本的形成与累积过程，完美地将运营和财务联系起来。同时，该方法囊括了传统预算系统里所没有的批次、设备和其他类型的成本驱动因素，因而能够突出资源的不平衡、不高效以及瓶颈之处。使用ABPB方法编制的运营计划牢牢地根植于运营过程的细节，压缩了管理人员对各项运营数字的合理性发生争执的空间。业务预算是经由科学化、结构化方法制定的，而不再是讨价还价的博弈结果，因此其可行性和可靠性都得到了充分的保障。进而，以此为基础编制的财务计划和预算的可行性和可信度也得到了保证。这样就大大提升了预算在计划和业绩评价上的有用性，便于管理人员更好地制定决策、配置资源、优化产品、过程和成本。

一些文献指出了ABPB方法的局限性。首先，ABB小组提出的概念框架目前仍然缺乏具有普遍性和实质意义的证据支持①。原因很可能是大部分企业缺少关于作业、过程和资源的信息，同时产生和维护这些信息的成本可能过于高昂。例如，一台生产设备可能就要涉及100至200个作业以及20至30种成本动因②。即使很多实施了ERP软件的企业也发现，他们很难获得准确的作业相关数据，原因是一线员工经常随意录入不正确的运营细节数据③。

其次，ABPB方法的核心建立于作业成本与产能管理理论的基础之上，这两种理论的焦点都集中于产品成本。因而，ABPB方法也难以超出产品成本的范围④。尽管ABB小组主张应将ABPB方法与其他组织实践——平衡记分卡、绩效管理与标杆法、资源管理行动、持续流程改进、目标成本运动和六西格玛运动结合起来，但只是落于泛泛而谈，并没有清楚地指出应该如何结合。其他

① Hansen, S. C., & Torok, R.:《The Closed Loop: Implementing Activity－Based Planning and Budgeting》, Bedford, TX: CAM－I 2003.

② 普华永道：《首席财务官：公司未来的建筑师》，北京大学出版社2002年版。

③ Chapman, C. S., & Kihn, L. A.: "Information system integration, enabling control and performance",《Accounting, Organizations and Society》2009 vol. 34 (2), pp. 151～169; Quattrone, P., Hopper, T.: "Time－space odyssey: management control systems in two multinational organizations", Accounting, Organizations and Society 2005 vol. 30 (7, 8), pp. 735～764.

④ Hansen, S. C., Otley, D. T., & Van der Stede, W. A.: "Practice Developments in Budgeting: An Overview and Research Perspective",《Journal of Management Accounting Research》2003 vol. 15.

相关文献同样没有给出明确的做法和程序。

最后，ABPB 方法只适用于特定的环境。正如 ABB 小组指出的，如果组织单元不提供能够清楚识别或定义的产品或服务，或者不拥有清晰的、结构化的流程，那么传统预算方法会更适合。此外，作业成本法的创始者罗宾·库伯与罗伯特·卡普兰当初设计作业成本法的初衷是为了解决 20 世纪 80 年代某些生产制造型企业不知如何有效计算成本的难题，这些企业的共同之处是：间接费用占总成本很大比重，同时产品、顾客和生产过程具有高度多样化特征。ABPB 方法在利用了作业成本法整套程序的同时，也继承了作业成本法的应用条件。

（二）超越预算

CAM－I 下属的欧洲高级预算研究小组是应 CAM－I 组织发起的“高级预算”（Advanced Budgeting）研究活动而建立的。该小组从一开始就决定通过对优秀企业进行实地调研和考察来寻找出改进预算的办法，小组成员由来自欧洲的大型商业企业的高管人员、顶尖管理咨询师以及学者构成。他们的研究可以分为两个阶段：1994～1997 年期间为“高级预算”的第一阶段；1998～2003 年为“超越预算”的第二阶段。在第一阶段，他们仍然试图寻找出改进传统预算的新方法，期间成果均以“高级预算”为题。但是随着研究的推进，他们逐渐认识到传统预算已经严重阻碍了企业管理，预算必须被彻底抛弃，企业应该使用多种先进的管理方法来取代预算现有的各种职能。因此，他们于 1998 年 1 月成立了名为“超越预算圆桌会议（Beyond Budgeting Round Table）”的小组，之后发表了一系列名为“超越预算”的文章，并于 2003 年将其完整的研究成果集结成书出版。

BBRT 小组坚信，企图对现有管理体系进行修修补补以使其恢复效用的幻想是根本行不通的。企业必须彻底抛弃传统管理模式，并以全新的管理体系取而代之。预算作为传统管理模式的中坚力量，与分权化管理模式和新型管理工具相抵触；只要预算存在一天，先进的管理方法就无法发挥效力。因此，企业必须坚决废除预算制度。

不同于 ABB 小组聚焦于如何改进预算的计划职能，BBRT 小组关注如何改进业绩评价职能。BBRT 小组认为，预算之所以引发诸多弊端，根源在于预算实践往往与固定绩效合同联系在一起。企业与每位管理人员签订固定绩效合

同，使得设定固定目标并依据固定目标评估业绩和确定报酬的过程成为组织正式的年度仪式。如果达到合同规定的会计数字，管理人员将得到奖励；如果达不到则要受到惩罚。这就导致管理人员在预算过程的每一个阶段都采取不正当手段，包括在编制预算时故意设置容易实现的目标（多报成本少报收入），在预算期末操纵会计数据（调整收入和费用入账的时点）或者操纵真实运营活动（例如暂停维修支出）以造成达标的假象。

为了避免“固定绩效合同陷阱”，BBRT 小组建议采用事后确定的相对绩效合同来代替传统的固定绩效合同。相对绩效合同一般使用标杆业绩作为预算目标，标杆单位可以是来自企业内部的（例如，组织内的不同部门或分部），也可以是来自组织外部的（例如，行业内领先企业或主要竞争对手）。相对绩效合同设定的目标不易引发争议（例如，“如果别人能做到，为什么我们做不到呢?”），而且可以根据不可控因素灵活调整。这些特征有助于提高绩效评估的准确性和公平性，进而降低预算中的博弈和不正当行为。

超越预算主张相对绩效合同应具有事后确定的部分。也就是说，虽然事先确定了固定的目标，企业在期末评定业绩时应综合考虑实际运营以及期间内经济环境的变化（例如，相对于竞争对手、市场或前期的表现），并相应对目标进行事后调整。虽然管理人员提前知道考核的关键绩效指标以及预期的业绩，他们还是要等到年底才能知道自己的表现如何，以及会得到多少奖金。BBRT 小组还建议，奖惩金额的确定应基于主观评价，并侧重于团队业绩而非个人业绩。这样做的目的是鼓励员工在各种状况下都会选择采取对企业最有利的行动，同时促进团队之间的协作。在主观的业绩评价制度下，员工会因其识别和发现难以预计的机会（而不是简单的产出）得到奖励，这样的行动有可能给企业带来长期的回报。这填补了外部标杆业绩目标的空缺之处，原因是外部标杆业绩目标无法奖励这类具有战略性的创新行为，这类行为通常不会对财务报表产生立竿见影的影响，往往要经历数年之后才能显现。

此外，超越预算也建议使用与战略一致的多种非财务指标来评价业绩。其背后的假设是，如果能够在这些指标上达到令人满意的水平，那么组织将能在取得令人满意的财务业绩的同时实现其战略目标。这看上去与平衡计分卡之类的业绩评价系统在概念上是一致的。但是 BBRT 小组着重指出，很多企业实施平衡计分卡所取得的效果，与那些实施了预算控制和固定绩效合同的企业并无二样。因此，超越预算不仅建议企业使用包含财务和非财务指标的更为广泛的

评价指标体系，还强调这些指标必须以基于相对业绩和事后调整的方式使用。

在超越预算的绩效合同中，一个理想的业绩标准应该具有挑战性，同时又是努力之下可实现的，这样就能够有效地起到激励的作用。“其中暗含的约定就是，由行政人员提供一个充满挑战性和公开的运营环境，员工们则运用他们的知识和判断力去适应不断变化的条件，从而在绩效方面获得持续不断的改进。”这一变化在表面上是协商合同的变化，实质上则是企业文化的深刻变革。固定绩效合同对应于自上而下的中央控制，其前提是缺乏信任。而相对绩效合同则对应于自下而上的分权式管理，前提是相互信任与自我约束——每位员工都会努力工作并对自己的成绩负责，上级应该信任下级的能力与判断。

相对绩效合同是超越预算提供的预算解决方案。但是，超越预算并未到此结束。事实上，超越预算包含两个阶段。第一阶段是实现一套更适当的管理过程，即使用相对绩效合同取代固定绩效合同。第二阶段是实现激进的分权化，意指“领导者们将权力和威严从中央下放到运营经理，赋予他们权力，使他们有能力在不受某个特定的计划或协定约束的情况下，利用其判断力和措施来实现目标。这种做法由于顺应而不是违背了人类的本性，带来了更多的动力和成就”。第一阶段有助于企业实现从传统企业向适应型企业的转变，接着经历第二阶段的企业将完成向适应性和分权化企业的转变（见图 2－3）。

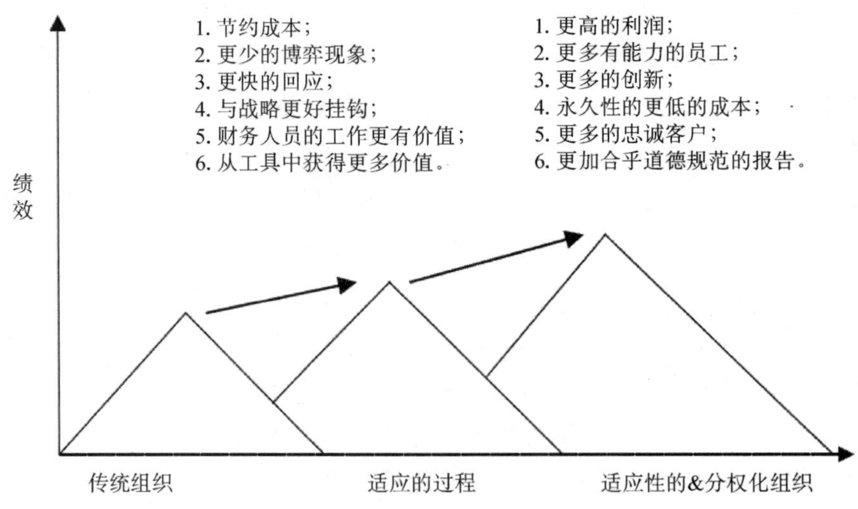

图 2－3　超越预算编制的两个顶峰

资料来源：杰里米·霍普、罗宾·弗雷泽：《超越预算》，中信出版社 2005 年版。

BBRT小组认为，企业之所以要转变为分权化企业，原因是在传统预算控制下的员工没有权力进行与战略目标一致的决策。或者说，有效的授权和分权与传统预算控制是水火不相容的。第一，传统预算控制无法创造一个高绩效文化，当使用固定目标作为判断成功的标准时，员工只会竭尽所能地追逐数字目标，而背离了真正能够创造价值的行动。第二，当财务指标占主导地位时，员工不会把满足顾客放在首位。第三，即使员工能够获得授权，他们也无法获得行动所需的资源，因为资源已经在预算期间分配完毕。在超越预算模式下，企业并不事先分配好全部的资源，而是在员工需要资源的时候快速将资源配置到位。那么组织如何保证资源能够被有效分配而不是被滥用呢？BBRT小组声称，只有当控制从结果控制（传统预算控制的核心）转移到基于员工选择、组织愿景和价值观、行为准则、培训等的控制时，分权才会有效。这意味着控制系统的焦点由多种绩效指标转移到使命、愿景和组织文化上。

若要完成超越预算的两个阶段转变，企业必须符合超越预算的两个根本假设——人性假设和企业文化假设。超越预算假设员工愿意为企业做出贡献，自我满足感和别人的赞赏是驱动员工尽最大努力不断提升绩效的最根本动机。超越预算理论还假设企业能够塑造一个充满信任的企业文化，团队之间有足够的信任来管理各自的事务，每位员工都完全对所在团队及本人的绩效负责。这两个假设是企业能够实现向适应性和分权化组织转型的前提。一旦组织转型成功，将能够“释放由适应性过程、合适的管理工具以及清晰的领导原则来支持的员工的企业精神、能量和才能”，最终“会带来一种为竞争优势提供独特来源的管理模式”。

（三）两种方法的比较分析

ABPB和超越预算方案同是由CAM－I组织下属的研究小组提出的，区别在于前者是美国ABB小组的研究成果，后者是欧洲BBRT小组的研究结论。这两个方案都是针对在不确定商业环境下，企业无法制定出合理计划因而导致预算失效这一问题而提出的①。两个方案都遵循了CAM－I组织的一贯立场：预算不应独立于其他管理工具，相反，预算应与其他先进管理方法和工具有机地

---

① Hansen, S. C., Otley, D. T., & Van der Stede, W. A.: “Practice Developments in Budgeting: An Overview and Research Perspective”,《Journal of Management Accounting Research》2003 vol. 15.

融合为一体，共同构筑一个综合而广泛的管理体系。但是，两个方案最终得出的结论却是南辕北辙的。ABPB 小组认为经过改进的预算能够有效地行使计划、业绩评价和激励等职能。而 BBRT 小组坚称，任何修修补补都无法拯救预算，预算必须被坚决抛弃，代之以其他管理方法（见表 2-2）。

表 2-2　　基于作业的计划与预算（ABPB）及超越预算的差异

	基于作业的计划与预算（ABPB）	超越预算
关注的预算职能	计划	业绩评价与激励
预算的主要问题	预算缺乏可行性和科学性	预算驱使管理人员为了达到预算采取不正当手段
如何应对环境变化	及时根据环境变化重新调整预算	转变为适应性和分权化组织
根源分析	计划的制定缺乏依据	固定绩效合同
解决途径	使用作业成本概念和产能管理方法来优化运营计划与预算的编制	相对绩效合同 分权化
与运营/战略的结合	与运营相结合	与战略相结合
预算职能	计划、交流与沟通、业绩评价、激励、控制、决策	仅用于制定财务计划需求
适用条件	“命令—控制”型管理模式 拥有可识别的、可清楚定义的产品或服务，以及清晰流程	适应性和分权化管理模式 高度信任的企业文化 员工以自我实现为首要动机

它们之所以得出相左的结论，与它们在预算问题及其根源分析上的分歧分不开。ABB 小组认为，预算问题的根源在于计划的制定缺乏依据，管理人员主观填写和调整数据的过程为博弈创造了巨大空间，结果导致计划和预算缺乏可行性和指导意义。要提高计划的有效性和可行性，应该从紧密结合预算与运营入手。具体来说，企业首先对下期需求量进行预测，接着导入作业、资源和成本动因等细节性历史运营数据，便能制定出可行而完备的运营计划，最后在此基础上生成预算。由于财务预算是建立在可行的运营计划基础之上，因而可行性和有效性得到了保证。同时，这种预算编制方法免去了传统的多轮循环，因而大幅缩减了预算编制所需的时间。此外，在充满变化的环境下，由于 ABPB

方法大大降低了时间和成本的耗用，因而有助于管理人员及时根据环境变化重新调整预算。

另一方面，BBRT 小组的观点是，企业若要在不确定环境中生存下来，必须转变为适应性和分权化组织。在传统预算实践中，企业通常使用固定绩效合同来为管理人员设定目标、评价业绩并确定奖惩。这些在 12～18 个月之前就设定好的固定目标在变化的环境中迅速过时，同时固定绩效合同却一直驱使管理人员为了达到没有意义的目标而采取不正当行为。超越预算理论建议企业实施相对绩效合同，参考外部标杆企业和内部标杆单元的业绩，并结合非财务指标、团队指标、主观判断和事后调整（根据市场环境的变化事后对目标进行调整）等方法，来对管理人员业绩做出评价并给予奖励。对于已经实施了相对绩效合同的企业，超越预算建议它们进行第二阶段的改革，即实现激进的分权化管理模式。可见，BBRT 小组将预算问题的根源归结为固定绩效合同的使用，因而他们的方案侧重于改进业绩评价和激励方式。有评论认为，这两个方案可以结合起来使用，一个用于计划过程，一个用于业绩评价与激励过程①。但其实这是行不通的，ABB 小组的方案与"命令—控制"型管理模式相匹配，而超越预算方案与分权化管理模式相对应，这两种对立的管理模式相互排斥，根本无法融合为一体。

ABB 小组对预算实践的不满主要在于传统预算脱离了运营，而 BBRT 小组则聚焦于预算对战略形成的阻碍。因此，前者提供了将预算与运营结合起来的方法，后者提供了如何鼓励员工灵活应变，自主采取行动来推动新战略形成的解决之道。

第三节 对预算满意度和缺陷的调查研究

1998 年《CFO》杂志刊登的一篇文章指出，在一项关于企业预算的调查

---

① Hansen, S. C., Otley, D. T., & Van der Stede, W. A.: "Practice Developments in Budgeting: An Overview and Research Perspective",《Journal of Management Accounting Research》2003 vol. 15.

中，绝大多数的调查对象都对企业的计划和预算过程不满，并相信其所在组织的预算和计划过程存在巨大的改进空间。实施了作业基础预算、零基预算和滚动预测的财务经理们发现，实施效果与预期相距甚远。66%的受访者认为他们的预算过程更多地受到计划而非战略的影响①。2000年的一份针对欧洲企业所做的调查表明，80%的公司都对预算过程表达了不满，财务主管将预算改革列为需要解决的第一要务②。

2004年英国布里斯托大学（University of Bristol）两位学者向英国西南部40家大中型企业以邮件方式发放调查问卷③。结果显示，满意度最高的预算职能为运营控制（64.9%），其次为资源/运营计划（55.8%）。其他预算职能的满意度都不过半：沟通49.9%，战略计划49.2%，业绩评价45.7%，激励43.0%，跨职能协作/协调41.8%，跨单元协作/协调35.5%。

2005年两位美国学者以美国管理会计协会的212位成员为对象进行了问卷调查，被调查成员都在美国营利性组织中担任高级管理职务④。受访者被要求对“预算是必不可少的，离了预算企业就无法正常管理”的表述打分，1分代表强烈反对，6分代表强烈赞成。最后受访者给出的平均分为4.22，表明大部分管理人员认可这一看法。其中，50%的受访者对此表示赞成或强烈赞成，只有15%的受访者不同意这一说法。

问卷接着要求受访者综合考虑预算过程所耗费的时间、预算系统为业务单元实现目标所提供的帮助，以及预算系统可能导致的负面行为，然后给所在企业预算系统提供的价值打分，满分为100分。66%的受访者打出了70或以上的分数，25%给出了50和70之间的分数，8%给出了50分以下甚至负分。

问卷列举了文献中常见的预算六大罪状，分别是太浪费时间、发现问题迟缓、业绩评价不合理、很快过时、过程不严谨、干扰协作。28%的受访者同意预算浪费时间和成本高昂的指控，与此相同的比例不认可这一表述。平均来说，完整的预算周期耗时10.3周，每位管理人员一般都要花上2至3周时间来

① Lazere, C.: “All together now – Why you must link budgeting and forecasting to planning and performance”, 《CFO Magazine》 1998 (Feb), pp. 28 ~ 36.

② Epstein, J., & Birchard, B.: “Add accountability”, 《Executive Excellence》 2000 (Sep).

③ CIMA: 《Better budgeting: A report on the better budgeting forum from CIMA and ICAEW》 2004 (Jul).

④ Libby, T., & Lindsay, R. M.: “Beyond budgeting or better budgeting?”, 《Strategic Finance》 2007 vol. 89 (2), pp. 46 ~ 51.

准备他管辖范围下的预算部分。64%的受访者承认预算发现问题迟缓，49%支持预算很快过时的观点，53%认为预算在组织内引发对抗性关系而非协作行为，24%同意预算过程缺乏严密性的看法。

该研究还就预算过程中五种常见博弈行为进行了调查，结果表明很多企业都不同程度地存在年末突击花钱、推延必要支出（如维修、广告和研发支出）、年末加大力度速销、洗大澡和争取容易实现的目标这五种博弈行为。其中，推延必要支出和争取容易实现的目标两种现象的出现频率最高。但是，当被问到博弈行为是否会影响组织长期业绩时，39%的企业给出了肯定的回答，61%认为影响不大。

66%的受访者同意预算差异无法可靠地衡量管理人员的业绩。尽管如此，大多数受访企业仍然使用预算完成业绩评价和控制的目的。进一步调查显示，63%的受访者表示企业非常依赖预算进行业绩评价。

总的来说，企业管理人员仍将预算视为不可或缺的管理工具，而且预算的收益超过成本。这一点很好理解，对于大多数企业而言，预算是唯一一个能够将各种管理职能整合为一体的工具。但是，这并不表明预算在今天仍然是一个十分有效的管理方法。美国学者的调查显示，除了运营控制，管理人员对预算其他职能的效果都不甚满意。大部分受访者指出预算存在明显的缺陷，而且预算过程中普遍存在博弈现象。可见，企业对预算又爱又恨，一方面离不开预算，另一方面又对预算不甚满意。这就是预算目前所处的困境。预算逐渐失去了原有的效用，弊端越来越突出。但是，大多数的企业尚未找到更好的替代工具，抑或是没有勇气和能力尝试全新的管理方法，因而仍然将自己束缚在预算的桎梏中。

第四节 总结与启示

自20世纪90年代初以来，预算缺陷以及预算改进研究一直是管理会计学界的研究重点。学者和实务界人士纷纷指出预算实践的种种弊端，它不仅成本

高昂，而且引发众多常见的负面行为，并严重阻碍企业实现价值创造。为了克服预算的现有缺陷，国内外学者设计出林林总总、数目繁多的预算改进方案，包括真实诱导型激励方案、零基预算、滚动预测与预算、Kaizen 预算、基于价值的预算、作业基础预算、标杆预算和战略预算，以及由“国际高级制造”组织（全称为 Consortium for Advanced Manufacturing – International，简称 CAM – I）下属两个小组分别提出的基于作业的计划与预算（又被称为“改进预算”）方案和超越预算方案。

预算是一个十分庞杂的系统，几乎涵盖所有重要的企业管理职能，包括计划、资源分配、控制、沟通、业绩评价、激励和战略规划。用会计学家奥特利教授的话说，预算“把组织的所有关键问题融合于一个体系之中”①。这为预算研究的困境埋下了伏笔：文献中提出的预算缺陷共计十余种，每篇文献都对预算的根本缺陷有着自己的判断，并据此提出相应的解决方案。换言之，每份文献各自选择预算缺陷的一个子集作为靶心，分析预算缺陷的产生根源，并以此为基础提出各自的改进方案。已有文献在预算根本缺陷及其根源的认识上存在巨大的认识差异与分歧，导致预算改进研究呈现出散乱而方向各异的轨迹。表 2 – 3 总结了现有文献对预算主要缺陷及其根源的认识分歧。

表 2 – 3　　现有文献对预算主要缺陷及其根源的认识和改进方案

预算缺陷的根源		预算的主要缺陷	预算改进方案
多种职能的冲突	预算与激励的结合	预算过程中的行为问题	• 真实导向型激励模型 • 基于标杆业绩和事后调整的业绩评价（超越预算方案提出的相对绩效合同）
	决策与控制的冲突	预算过程中的行为问题 计划职能受到损害	• 无法解决 • 同时为每个职能建立一个独立的预算系统
	多种职能的冲突	多种职能受到损害	• 为最重要的职能设计预算体系 • 同时为每个职能建立一个独立的预算系统

① Otley, D.：“Performance management: a framework for management control systems research”，《Management accounting research》1999 vol. 10（4），pp. 363 ~ 382.

续表

预算缺陷的根源	预算的主要缺陷	预算改进方案
代理问题与信息不对称	预算过程中的行为问题	• 难以解决 • 利用 IT 缓解信息不对称
环境的重大变化	计划职能受到损害 阻碍企业实现价值创造	• 滚动预测与预算 • 与先进管理方法相结合（例如 Kaizen 管理、基于价值的管理、作业成本管理、标杆管理和战略管理） • 应用作业成本与产能管理模型（基于作业的预算与计划） • 分权化（超越预算） • 建立一个与新管理方法结合的综合性管理体系

各派学者均据理力争，强调各自观点的优越性。但迄今为止，学术界对各种预算改进方案的高下之分，不仅未能达成共识，甚至无法形成判断的合理依据。一个最具代表性的例子便是改进预算和超越预算之争，这场旷日持久的争论凸显了预算研究的困局。20 世纪 90 年代 CAM－I 组织提出的改进预算和超越预算方案，导致预算改进领域分裂成两大对立阵营。CAM－I 下属美国成本管理小组及其支持者们认为，经过改进的预算能够恢复往日的效用。而 CAM－I 下属欧洲高级预算研究小组及其支持者们坚称，预算改进无济于事，必须彻底抛弃预算，代之以一套新的管理流程。直到今天，这场掀起轩然大波的争论没有形成任何富有建设性的结论，学者们仍然莫衷一是，各持己见。

不仅是预算理论研究陷入僵局，与此同时预算实践也陷入了难以自拔的僵局。近 20 年来，企业预算实践并未出现实质性改善的迹象。在 1998 年至 2004 年期间，数份以美国和欧洲企业为对象的问卷调查一致显示，大部分企业都不满意当前的计划和预算过程，财务主管将预算改革列为需要解决的第一要务①。实施过诸如作业基础预算、零基预算和滚动预测等改进方案的企业表示：预算

① Lazere, C.: "All together now – Why you must link budgeting and forecasting to planning and performance",《CFO Magazine》1998 (Feb), pp. 28 – 36; Epstein, J., & Birchard, B.: "Add accountability",《Executive Excellence》2000 (Sep); CIMA:《Better budgeting: A report on the better budgeting forum from CIMA and ICAEW》2004 (Jul).

改进方案的实施效果与预期相距甚远。

可见，尽管预算改进研究表面看起来百花齐放、令人眼花缭乱，但遗憾的是，预算研究处于虚假繁荣的尴尬之中，未能结出具有理论与实践价值的果实。这一事实向我们释放了一个信号：当前的预算理论研究很可能陷入了诺贝尔经济学奖获得者丹尼尔·卡尼曼教授所说的“理论诱导的盲区（theory - induced blindness）”。[①] 我们对现有理论深信不疑，将其作为无懈可击的思考工具，因而很难注意到其错误。卡尼曼教授指出，人们很少能够从广为接受的主流理论明确主张的部分中发现错误，相反，“错误往往隐藏在该理论忽视或假设的内容中”。这意味着，要想推动预算理论研究的真正发展，必须站在更高的视角剖析现有预算理论的深层假设（即其赖以依存的环境），辨认传统视角下的预算本质。厘清传统预算理论所依据的深层假设与预算本质，是预算理论研究追求建设性成果的万里之行的起点。以这些认识为基础，我们才有可能准确定位预算的根本缺陷及其根源，进而设计出行之有效的改进方案。

本书试图挣脱预算主流理论的框框，站在哲学的高度剖析传统预算的深层假设、本质和基本原理，继而推导出根本缺陷及其产生原因。传统预算的产生和发展长达半个多世纪之久，多年来一直是大多数企业的核心管理控制系统，这说明传统预算自有其优势所在。传统预算在什么样的环境下适用？传统预算是否适应当今的互联网时代？本书也试图对此做出回答。最后，本书将站在哲学高度重新定义预算的本质和基本原理，并构建出一套全新的预算体系。不同于传统预算构建于工业时代的主流哲学观之上，本书将依据网络时代的新哲学观构建出一套全新的预算体系——组织变革视角的预算体系。

---

① 丹尼尔·卡尼曼：《思考：快与慢》，中信出版社 2012 年版。

第三章

传统预算的本质

现代管理范式不是孤立地从无到有、自发产生的，而是受同时代主导哲学观的支配。哲学的根基是科学，科学家刘易斯·托马斯（Lewis Thomas）说过："科学影响我们的整体思考方式。"前沿科学一直是世界观的支柱，统治着重要的社会思想形态。回顾过去的300年，人类社会的哲学观建立在艾萨克·牛顿爵士的物理学发现之上。预算乃至整个现代管理体系都深深地刻上了牛顿机械动力学的烙印。

第一节
牛顿科学的机械世界观

牛顿通过力和质量这两个基本概念解释了一切物体的运动，不仅包括地面上的物体，也包括天上的物体，如行星。借助牛顿设计的三大定律和微分学，人们惊讶地发现遥远行星的运行轨道竟然如此简单，可以轻松预测。数学家拉普拉斯于是断言："只要知道宇宙中所有粒子的当前位置和速度，原则上就有可能预测任何时刻的情况。"牛顿力学描绘了一幅机械的"钟表宇宙"的图景，宇宙像钟表般机械运行，因而可以精准预测。

牛顿的发现不仅影响了整个物理学界，也支配了哲学家们的思想。18 世纪

的哲学家们把世界看成是一个巨大的、精确如时钟般的“机器”，其运行的特征是简单、有规律、可预测、能够独立运行。牛顿定律自诞生起，就为所有学科的发展奠定了基调，包括自然科学，如数学、化学、生物学，以及社会科学，如经济学、管理学、教育学等。

弗雷德里克·泰勒根据牛顿定律建立了现代管理理论的基石。泰勒认为，只要组织中的每个螺丝钉（即员工）严格按照指定的要求完成指定的任务，组织便能像机器一样准确而高效地运转。精确、稳定、纪律、可靠性是管理追求的目标，管理不过是“控制”的另一个同义词。20 世纪 80 至 90 年代出现的准时制造、六西格玛、业务流程再造等概念不过是“科学管理”的另一个版本。牛顿对现代管理产生如此巨大与持久的影响，直到今天，“钟表宇宙”的世界观仍然塑造着很多人的管理理念。

一、还原主义

牛顿机械动力学研究独立质点的运动轨迹，例如台球桌上的弹子球，或者宇宙中的行星。每个质点的运动独立于其他弹子球，使用牛顿定律可以准确地计算出各个质点的运动轨迹。在牛顿世界观里，宇宙可以拆分为无数很小的粒子，每一个粒子都自由而独立地运动，通过研究各个粒子，人们可以获得对整个宇宙的理解。

其背后的思想与 17 世纪笛卡儿的还原论主张如出一辙：整体等于部分之和。笛卡儿坚信：若要了解一个实体，必须将其分解成小而再小的碎块，并对各个碎块逐一攻破。只要了解了每个小碎块，人们就能明白整体是如何运行的。笛卡儿认为，解决任何问题都应遵循这样的方法：“将面临的所有问题尽可能地细分，细至能用最佳的方式将其解决为止”，并且“以特定的顺序引导我的思维，从最简单和最容易理解的对象开始，一步一步逐渐上升，直至最复杂的知识”①。

还原论大大简化了复杂问题的解决。牛顿定律对行星轨迹的成功预测使得人们相信，世界上的所有难题都可以按照这种方法得以解决。还原论构建了 18 至 20 世纪初期物理学大厦的地基。物理学家达纳·佐哈（Danah Zohar）在《量子自我》（The Quantum Self）一书中写道：“古典物理学的精髓就在于事物

① 笛卡尔：《谈谈方法》，商务印书馆 2000 年版。

的分割，以及分割开的各个组成部分之间又怎样互相影响。”笛卡儿的方法论应用于化学、生物学、医学等其他领域，也带来了众多重大的科学突破。强调分解与独立性的还原主义思想，理所当然地成为工业时代的主流观念。

二、机械因果观

牛顿用力的概念解释了物体的运动规律，是力作用于物体并引起它的运动。在牛顿信徒的眼中，世界是由众多独立的粒子构成，所有物体的运动都产生于这些粒子之间的相互作用。世界上一切现象都像台球桌上相互撞击的弹子球一样，是有因有果的。一个弹子球撞击了另一个，碰撞是运动之因，运动是碰撞之果。力和运动的概念构筑了一个机械因果关系的世界，所有的因果关系都能够用严格清晰的数学方程式表达，既是可以测量的，也是可以准确计算的。所有事件都是线性地相继发生的，一系列的事件运动于时间纵轴上。

在牛顿哲学思想统治的时代，人们认为因与果总是相继发生的，两者之间具有直截了当的线性关系。人们对前因后果的探索在很多领域取得了丰硕的成绩，但也正因如此，人们对线性因果关系的执着变得牢不可破。在机械因果假设的投影下，人们眼中的世界由原本的混乱、喧嚣、繁杂景象，一下子变得简单、规律、秩序井然。最重要的是，线性因果关系交织的世界是可以预测的。可以预测的世界也是可以控制的，人们试图控制一切的欲望不断膨胀。

在机械因果观的鼓舞之下，各领域的思想家陆续发现了各种定律和法则，成功地以简明的公式清晰地解释了许多看来复杂的现象。达尔文揭示了社会进化的规律，弗洛伊德阐明了精神活动的规律，其他行业的科学家、工程师、社会学家、经济学家发表了难以计数的研究成果。牛顿因果论把人们从蒙昧和迷信之中解脱出来，推动科学和技术取得辉煌的成就。

第二节
传统预算的本质与基本原理

牛顿机械动力学理论及其引领的哲学思潮——还原主义和线性因果观，带来了科学和工程学上数不胜数且令人炫目的巨大成功。它们不仅准确地解释并预测了小至分子，大至宇宙中天体的运动规律，并且推动了无线电的发明、跨海大桥的修筑、原子弹和氢弹的研制、人类登上月球等无数奇迹的诞生。以牛顿定律为基石的科学登上了神坛，其魔力顿时令上帝和天神黯然失色。

还原主义和线性因果观给予人们极大的自信。它让人们相信，万事万物都遵循着确定的规律，有一只隐形的手以优美而简洁的方程式安排了世间的一切。人们相信，牛顿科学已经揭开了大自然的奥秘，世界就在人们的股掌之中，科学赋予了人类控制一切的能力。还原主义告诉人们，不论多么复杂的事物，只要层层剥茧、逐步分解，探明每个“积木块”的运作原理，人们便能获悉事物的全部奥秘。线性因果观告诉人们，整个世界好比是一台持续运转的机器，就像地球绕着太阳日复一日地规律性转动一样，万事万物的运动和变化都具有秩序和确定性，是可以准确预测并加以精确控制的。

诞生于19世纪的现代管理体系建立在牛顿机械观的地基上，预算自然也不例外。预算追求牛顿定律描绘出的秩序井然的世界，希望使组织像机器一样稳定、规律地运转。正如加里·哈默所说：“现代管理是在不断追求对无序事物秩序化的过程中发展起来的。”预算对秩序的狂热追求表现为其对控制的极度迷恋，同时，还原主义和机械世界观给人们对控制的信心打了一剂强心针。确保一切都是预料之内的，确保“没有意外”（No surprises）是预算的第一要务。这意味着预算不仅事先安排好一切，而且还要保障事先的安排能够不折不扣地付诸实现。换言之，预算是“规定”和“控制”组织实现预期目标的机制。

还原主义和线性因果观塑造了现代预算的哲学基础，并转化为预算的三条基本原理：可预定原理、正规化原理，以及集权化原理。它们相互联系、相互巩固，牢牢地保证了控制目标的实现，并成为贯穿于预算一切职能的支柱。现代预算的一切原理、职能、程序、制度和环节，构成了一个密不可分、环环相扣、致力于消除差异和追求控制的完整体系。用查特菲尔德教授的话说：“要改变其中一个而不影响其整体效果是非常困难的。接受这些假设的人发现他所面临的是一个像本世纪初的牛顿物理学定律一样完美无缺的、封闭的、自我证明的体系。”①

① 迈克尔·查特菲尔德：《会计思想史》，中国商业出版社1989年版。

一、可预定原理

预算基于一个深层假设：未来是可以准确预测的。这意味着，人们能够制定出准确而有效的计划，而且人们有必要根据计划来行事。管理者坚信，如果没有详细的计划，企业将迷失方向。计划对于企业而言，就像航线图对于老船员一样重要。计划被赋予至高无上的权威，所有员工都必须严格按照计划行事。计划一方面为未来的行动提供蓝图；另一方面成为控制的前提条件。

为了保证组织上下能够按预定计划行事（即预算的控制职能），预算系统不仅定期检查实际与计划的差异，而且通过与业绩评价与激励措施的捆绑，鞭策各级员工努力实现预定计划。可见，计划是预算的核心内容，是预算发挥控制作用的依据；控制则是预算的首要目的，也是计划实施的保障。

二、正规化原理

牛顿科学使管理者们相信，管理活动如同天体运行一样遵循着特定的规律，寻找到管理活动的法则，就等于寻找到了管理的“唯一最优解”。人们相信，管理的“唯一最优解”必定像科学定律一样遵循科学理性的分析流程，以及分而治之的特征。不依据科学行事的做法是随意的、主观的、不合理的，结果必定是次优的、不稳定的、前后不一致的、不可靠的。上百年来，人们一直在寻找管理的“唯一最优解”，最早是弗雷德里克·泰勒提出的科学管理，而后又延伸到了财务控制、预算、计划、战略管理等其他管理领域。

预算通过正规化程序来保证计划的最优化。正规化的含义包括解构化（即层层分解）、程序化、系统化、正式化、科学化、标准化、理性化和数字化。预算不相信人类的感性、直觉和判断，认为它们不稳定、不准确、不可靠，因而是拙劣的，必须将其彻底摒弃，而代之以科学和理性的做法，即“唯一最优解”。预算按照组织层级、职能部门等各种类型的组织单元，将管理活动切割为无数独立的碎片；预算编制工作按照复杂冗长的流程在组织各个单元间多次流转，反复层层分解又层层汇总；预算流程还与战略体系、目标体系和程序体系相互联系，组合成一个更大的流程；预算的编制与预算执行进行了严格的分离，上层管理者负责制定战略、计划和目标，下层管理者

和员工负责执行。此外，预算的制定基于复杂的预测和分析技术，因而是科学和理性的，排除了人类主观判断的偏差。这样得出的预算（和计划）方案是“唯一最优解”，将作为不可更改的预定标准，是无论如何必须实现的目标。

三、集权化原理

管理界的牛顿信徒们相信，管理的规律体现在管理系统、程序和制度之中，而非员工的狭隘和愚笨的脑袋之中。他们还相信，最优的计划和决策只能产生于科学而理性的分析，这样的分析要么由专职计划人员完成，要么由高层管理者完成。还原主义也强化了集权化管理方法。管理者把企业的过程分割成各自独立的碎片，每个员工被要求执行一项或数项非常简单的任务。员工只需要规规矩矩地遵守制定的要求和规章制度，像机器一样简单而机械地执行指令、完成简单的任务。泰勒这样描述好员工的特点：“唯命是从，埋头苦干。领导叫你走，你就走；领导叫你坐下，你就坐下。”[①]

预算自诞生起，就以集权化为典型特征。预算一直受到高层管理者的牢牢控制，他们制订战略，确定预算方案、行动计划和业绩目标。尽管“参与型预算”、“授权”或“分权”口号流行于管理界长达40年之久，可它们从未发挥过实质性影响。正如一些企业的管理人员所说，“预算数字一直要改到上面的某个人满意为止”。亨利·明兹伯格曾经不屑地指出，所谓的“分权”通常只是将权力从中央的少数高层管理者传给数量稍多的中层管理者。而且，“授予权力的高层管理者可以轻而易举地将权力收回；参与管理的其他人员都很清楚谁才是拥有至高权威的人。”[②] 因此，现代管理从未实现过真正意义上的分权，预算也从未实现过真正意义上的参与型预算。

---

① 詹姆斯·索罗维基：《群体的智慧：如何做出最聪明的决策》，中信出版社 2010 年版。

② 亨利·明茨伯格：《管理进行时》，机械工业出版社 2010 年版。

第三节
传统预算各项职能的特征

一、计划与资源分配

计划是预算的主要职能之一，也是预算最初具备的职能。20 世纪 20 年代，通用汽车公司创建了以计划职能为主导的预算系统，奠定了预算的基本形态。但是，通用汽车公司的预算创新并未立刻得到广泛推广。在 50 年代之前，大多数美国企业的计划仍是"非结构化的、残缺不全的"，"正式的计划仅限于少数几个大公司"①。到了 50 年代，结合了计划、控制与激励职能的预算实践开始迅速传播。到了 60 年代中期，预算和计划"在大多数大型企业中已经牢牢扎下了根"②。对很多企业而言，计划与预算是一体的，预算是计划的核心内容。

《管理学：构建竞争优势》一书对计划一词做出如下的解释："计划就是决定个人、群体、工作单位或组织未来的目标和活动的有意识的、系统的过程。计划……是有计划的努力，由管理者管理和控制，经常是吸收了整个组织员工的知识和经验。计划为工作单位和个人未来的行动提供了清晰的远景。"从这段描述中可以看出传统计划的几个前提假设：(1) 计划是自上而下的过程，管理者制订计划，员工负责执行，计划与执行是分离的。(2) 计划能够为未来行动提供清晰的远景，其隐含的前提是计划能够对未来做出较为准确的预测。(3) 计划是有意识的、系统的、有计划的努力，表明计划是一个规范而理性的过程。最后，计划通常根据组织结构逐级向下分解，从企业整体一直分解到最小的组织单元或个人。

正规化原理在计划和预算上表现得淋漓尽致。首先，要为不同时间远景分别制订相应计划。标准的三套计划包括全面、战略性的长期计划（通常为 5

① 托马斯·贝特曼、斯科特·斯内尔：《管理学：构建竞争优势》，中国财经出版社 2004 年版。

② 亨利·明茨伯格：《战略规划的兴衰》，中国市场出版社 2010 年版。

年），周期为2—3年的中期计划，以及一年期的运营计划。在战略设计学派的影响下，绝大多数大型企业构建了多个复杂、相互关系的计划系统，包括目标体系、预算体系、战略体系以及程序体系（如临时的资本预算）。目标和预算系统主要用于绩效控制，战略和程序系统制定行动规划。每个系统又都按照组织结构分解为多个层级，一般包括公司层级、业务（或事业部）层级、职能层级、经营层级。一些大型企业的层级竟然能够多达十几级。很多理论家主张，企业应首先设计目标体系，而后依据目标一边编制预算，另一边制定战略，最后根据战略发展出资本和运营程序体系（见图3-1）。这种程序化的计划过程看起来非常科学和理性，每个步骤都清清楚楚、秩序井然。不仅如此，计划的时间表也是程序化的，规定了各个具体事件（如环境识别、讨论长期目标或短期目标、讨论公司预算或部门预算等）应该在一年期的什么时间发生①。

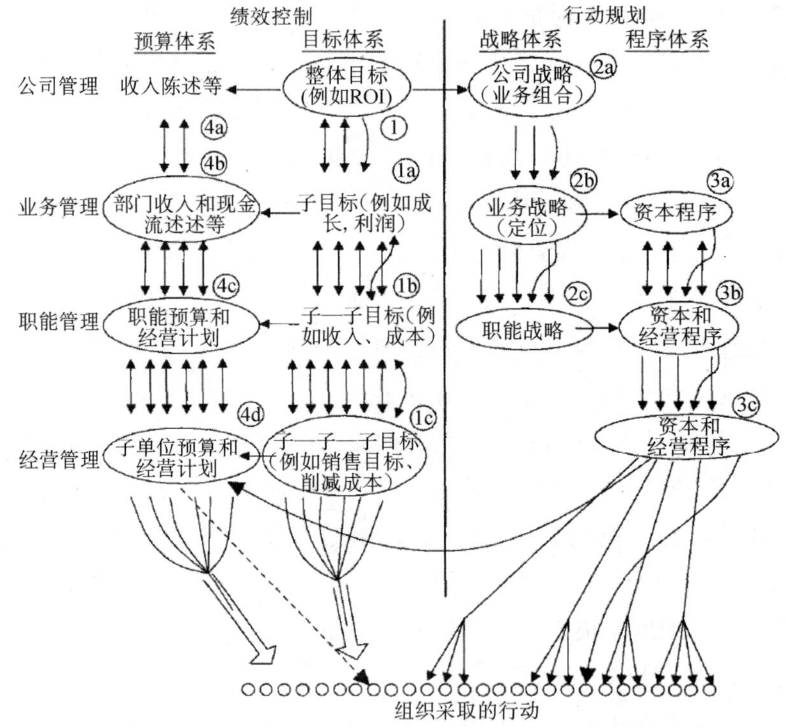

图3-1 传统计划模型

资料来源：亨利·明茨伯格：《战略规划的兴衰》，中国市场出版社2010年版，第52页。

---

① 亨利·明茨伯格：《战略规划的兴衰》，中国市场出版社2010年版。

预算是决定资源如何分配的核心工具。在预算年度开始前的数个月，企业就要着手为各个层级的所有组织单元（分部、部门、地区等）确定相应的预算。一旦预算制定好，各组织单元所能获得的财务资源额度便固定下来，通常在预算年度内保持不变。资源分配方案的制订与执行是分离的，上级管理者决定预算金额，下级管理者或员工使用预算。资源分配是事先计划的，一般是基于当年的经营环境对来年的资源需求做出预测和计划。人们对预算诟病最多的地方在于，预算无法提前 12 个月甚至更早就准确预知未来的资源需求，结果是预算一方面“保护”了不合理的成本，另一方面阻碍了必要的支出（例如开展新项目或活动）。因此，加里·哈默尔（Gary Hamel）把这种僵化的管理方式描述为“苏联模式的中央计划的最后堡垒”就不奇怪了。

二、控制

对很多企业的管理人员而言，预算的价值在于其控制功能。对大多数企业管理者而言，“控制的含义实质上就是让一切‘循规蹈矩’，这是管理的第一重要功能……控制得力就是指一个掌握信息的人能够相当有把握不会出现重大的、令人不愉快的问题”[①]。根据威廉姆·奥奇的分类方法，预算是一种典型的官僚控制系统，它“运用规则、法规、权威来规范人们的行为”。按照罗伯特·西蒙斯的分类方式，预算是组织中最常见的诊断控制系统，目的是确保实现可预测的目标。按介入时点划分，预算是一种“事后控制”，区别于前馈控制（事前）和同期控制（事中）。

预算的控制原理可以追溯至诺伯特·维纳（Norbert Wiener）于 1948 年出版的《控制论——关于在动物和机器中控制与通信的科学》（Cybernetics or Control and Communication in the Animal and the Machine）一书的基本观点，即通过信息的传输和反馈来实现对目标对象的控制。控制系统向目标对象发出控制信息，目标对象将反馈信息返送给系统，从而形成闭合回路。控制论强调“负反馈”，即采取纠正行动来减少反馈信息与控制信息之间的偏差，使系统一直保持稳定状态。负反馈的一个典型例子是空调机，空调机启动送暖，并持续检测房间温度，当室内达到设置温度时，停止送暖，当温度低于设置温度时，又重新启动送暖。负反馈控制系统努力消灭或压制变化，保证一切都没有偏离跑道。

---

① Merchant, K. A.:《Control in Business Organizations》, Mass: Pitman1985.

维纳提出的负反馈控制与牛顿的机械思维模式一脉相承，他试图把控制塑造成为一种理性而科学的手段。维纳的控制理论获得了空前的成功，其思想很快渗透到几乎所有的自然科学、工程学和社会科学领域。预算是控制论在管理上的典型应用，目的是要保证企业或员工按照预定的目标和计划行事。正如安东尼（Anthony）所言，“一个重要的控制原则就是正式的绩效报告应当不含有意外的事情”①。预算通过以下步骤实现负反馈控制：（1）预先设定业绩标准；（2）评估实际业绩；（3）比较实际业绩与标准；（4）纠正不利差异。

尽管负反馈控制在工程学领域取得了巨大的成功，但在管理上的适用性却并非不言自明。与工程学相比，管理牵涉的变量不仅数量更多，而且微妙和复杂程度也高得多。使用预算实施控制的做法存在两个前提假设：其一，业绩可以被客观、全面、负责任（即在员工可控范围之内）地衡量。其二，预设的标准是合理的、有效的。

第一个假设适用于官僚型组织（或称为机械型组织）的低层，“组织低层由于任务复杂程度最低、决策性任务最少以及出现无法控制事件的情况也最少，常常可以使量度标准做到客观、全面和负责任”。然而，“要为高一级的管理人员设计出能兼顾客观、全面和负责的量度标准并不那么容易。”②

第二个假设比上一个假设的适用范围更小。负反馈控制的有效性在很大程度上取决于预设标准的合理性，而这又取决于预测未来的准确性。人们依据历史的数据对未来进行预测，因而预测的结果实际上是过去的延续。人们只能较为准确地预测出稳定环境下的未来，而无法预测未来的重大变化。在 19 世纪和 20 世纪的大部分时间里，企业所处的环境背景与牛顿定律的可预测假说相吻合，因而人们很难注意到可预测假说的本质性错误。

预算强化了机械式控制，上级为下级事先设定计划、资源和目标，下级只需负责按照既定的计划行事，实现预期的目标。这是一种狭隘的控制观，它视变化为敌人，一味追求稳定，从而扼杀了创新与生命力，结果造就了一个个僵化、迂腐、无法适应时代变化的企业。

三、业绩评价与激励

为了强化控制效果，很多企业把预算与实际业绩的差异和业绩评价捆绑在

---

① Robert Anthony：《The Management Control Function》，Boston：Harvard Business School Press 1988.

② 罗伯特·西蒙斯：《控制》，机械工业出版社 2004 年版。

一起。由于预算差异直接影响员工薪酬，预算制度因而驱使员工尽力完成预算指标。如果预算数字是合理的，这种捆绑或许是有益的；如果预先设定的预算数字并不合理，不符合环境的实际变化，那么这种捆绑将会把企业引入歧途。无论是哪种情况，以预算为基础的业绩评价都会造成员工片面地关注"数字游戏"，而不是关注真正的业绩。

传统激励的逻辑是"胡萝卜加大棒"，奖金、津贴和晋升是"胡萝卜"，经济惩罚、降职甚至解雇是"大棒"。绝大多数组织一直以来都忽视了内在报酬（如工作满意度、成就感、情感等）在激励中的作用，盲目相信外在物质报酬是唯一有效的激励手段。"胡萝卜加大棒"逻辑建立在两个基本的人性假设之上：其一，人天生是爱偷懒的，不愿意努力工作；其二，经济利益最大化是人追求的唯一目标。在 20 世纪中叶之前，大多数人仅能勉强维持温饱的生活水平，金钱的确是激励员工的非常有效的手段。而且，在员工不具备多少知识或技能的情况下，组织对员工的依赖远远低于员工对组织的依赖，失业和贫困的恐惧牢牢攫住体力工人，他们为了维持生计不得不服从管理者的命令。

四、战略实施

主流的战略管理理论隐含若干个假设：（1）战略的制订是一个自上而下的过程。企业战略是由高层管理人员制订的，然后战略被下传至各级组织单元。战略的形成与实施是脱节的，总部的高管制订战略，一线员工负责实施既定战略。（2）战略体系是层层分解的，企业的主战略根据组织结构（分部、部门、分支、地区）逐层分解，直至最底层的实体——个人。Steiner 认为"所有战略都必须分解成子战略，才能成功地执行"。（3）战略的形成是一个系统化、规范化的分析过程。要制订出正确的战略，管理人员必须全面收集企业外部和内部信息，并对信息进行充分分析与推理。一个根深蒂固而难以察觉的假设是：一定存在一个最优的战略方案。自 20 世纪 60 年代末以来，人们试图利用信息技术对企业进行全面的模拟，推演多个备选战略的结果，之后从中选出"最优"的一个。Sawyer 的一段评论印证了这一点："在计划征服法国的时候，德国的将军们在做出最终选择之前，制订了一系列备选战略，并为每个战略都准备了完整的战役计划。同样，在选择并实施特定的战略之前，通常也必须考虑到各种业务备选方案可能产生的结果。"（4）战略相当于一个计划，计划的目

的是为了控制，组织必须计划才能进行控制[①]。这个假设的背后还有一个更深层的假设：未来是可以预测的，换言之，未来跟现在的变化不大（因为只有在这种情况下才能准确地预测未来）。如果未来是难以预料的，那么计划就毫无价值。根据错误的预测而制订的计划，好比船员根据错误的航海图在海面上航行，结果必然是误入歧途。因此，只有当未来是可以预测的，或者朝对企业有利的方向发展，计划才是有用的。

自20世纪60年代中期开始，人们尝试将预算与战略联系起来。预算把抽象的既定战略，落实为组织各个层级的具体数字和目标。同时，预算也是主要的战略实施工具。管理者时时监控战略的实施情况以及计划与实际业绩之间的差异，必要时采取纠正性行动，最后再由预算系统根据预算差异评估管理人员业绩。

与战略相结合的预算同样基于可预定、正规化、自上而下的假设。（1）预算应该与高层制订的战略计划和战略目标相一致，简言之，预算是由上层决定的。事实上，现有文献一方面强调预算应符合既定战略；另一方面又主张从下至上制订预算。预算与战略和目标之间究竟存在怎样的关系，一直是文献中的薄弱之处。（2）预算体系是按照组织结构层层分解的。（3）以事先确定的预算数字为“标准”来监控和评价各个组织单元的业绩，是系统的、科学的管理方式。（4）预算的性质是一种预测，是对下一期间的财务业绩预测。在大多数的预算实践中，预算不过是在上年业绩的基础上增加或减少某个百分比。

五、沟通与协调

一般来说，组织内部的沟通以直线为主，而且通常每一级只跟上一级或下一级直接交流，不会跳出这个范围越级沟通。预算能够横向协调组织内部多个部门和单位，例如它要确保生产部门的生产计划与销售部门的销售计划是相互协调的。但是，在自上而下、层层分解的体系下，预算也许可以协调不同部门之间的计划，但是“综合”机制的缺乏使得预算难以保证整个公司范围内计划的一致性。不仅如此，预算并不是一个持续性的沟通与协调系统，它只在一年一度的预算编制期间发挥作用。在不断变化的环境中，每年一次的协调是远远不够的。

---

① 亨利·明茨伯格：《战略规划的兴衰》，中国市场出版社2010年版。

组织中普遍存在的沟通欠缺一方面与现代管理理念自身有关，另一方面与通信技术水平有关。工业时代的主流通信技术包括邮件、电报、广播、电视和电话，它们要么进行一对多的大规模信息传播，要么一对一的单点式通信。在互联网普及之前，多对多的信息传递不仅成本高昂，而且往往不可行。在这样的条件下，企业必须对内部信息流进行控制。19 世纪出现的铁路公司确定了规范的做法：它们在组织内部建立了垂直的信息"通道"，信息只能在相邻的上下级之间流动，而不能跨级或者在不同部门之间水平流动。克莱·舍基指出，之所以"大型机构里员工所知道的和 CEO 所知道的，那么多都被互相屏蔽起来"，原因是"在管理文化的创始时期层级系统设计的一个本质要点，就是限制信息沟通，使之仅能在相邻层级间流动"①。

自现代管理诞生以来，人们一直推崇"系统起作用"。100 多年来，无论是 19 世纪末期的科学管理，还是 20 世纪 20 年代的通用汽车的计划与预算系统，又或是 60 年代的战略计划理论，甚至是 20 世纪末的准时制造、六西格玛和流程再造，它们的效用都体现在流程、制度和系统之中，而非员工身上。泰勒和福特都主张，工作不是思考，员工不需要感觉和体会，只需像机器一样工作。企业的所有活动都被分割为无数独立而简单的操作，员工没有必要在工作中与别人沟通，沟通只会增加困惑。类似地，计划与预算系统试图将组织未来的活动和目标不断细分，最终将资源和责任落实到每个员工的头上。按照还原论的观点，各个独立和细小的任务（或作业）相加之后便是一副完整的"拼图"，沟通和协调完全是多余的。可以说，牛顿的机械世界观导致了长期以来人们对沟通和协调的漠视。

第四节
本 章 小 结

传统预算建立在传统管理理论与思维模式之上，而传统管理又建立在由牛

---

① 克莱·舍基：《未来是湿的》，中国人民大学出版社 2009 年版。

顿机械动力学塑造的哲学观之上。深入剖析预算的管理与哲学基因，是破解预算“底层源代码”、看清预算本质的前提。

牛顿定律描绘了一个秩序井然、像机器一样稳定而规律地运转的世界，奠定了以还原主义和机械因果观为基本思想的哲学观。还原主义观点认为整体等于部分之和，主张将复杂问题不断逐层分解直至不可再分或无需再分的简单“碎片”；机械世界观认为一切事物或现象都像台球桌上相互撞击的弹子球一样，具有线性的前因后果关系。

机械哲学观的根深蒂固令人们相信：组织像机器一样稳定、规律地运转是管理的意义所在。预算被赋予了坚决维护秩序与控制，确保一切都按预期行事的使命。预算严格规定了每个人应该如何执行每项事务，以保障组织目标的实现。

还原主义论和线性因果观渗透至预算的每个角落，孕育了预算的三条基本原理：可预定、正规化和集权化。可预定原理强调计划的核心作用；正规化原理主张解构化、正规化、理性化、正式化的流程；集权化原理要求严格分离决策与执行，禁止员工的自由思考与行动。

传统预算的三条基本原理环环相扣、相互联系、相互巩固，牢固地保证了控制目标的实现。同时，它们也贯穿于预算一切职能之中，包括计划、资源分配、控制、业绩评价、激励、战略、沟通与协调职能。事实上，传统预算的所有元素——假设、原理、职能、程序和方法，构成了一个以消除变化和追求控制为目标、具有强大连贯性的完整体系。

第四章
传统预算的根本缺陷

第一节
传统预算的根本缺陷

现代预算体系是在不断追求最大化控制的过程中发展起来的。管理者借助预算工具来确保一切都掌握在股掌之中，不会有任何预料之外的状况发生。预算的核心责任就是保持稳定，按部就班，消除一切意外和变化。这一突出特点既是预算优势的源头，也是预算缺陷的源头。预算在致力于消除一切意外和变化的同时，不仅消灭了所有威胁，也铲除了发展与变革的一切机会。预算拒绝一切灵活机动的行动，也拒绝一切可能的创新想法，结果必然剥夺了组织持续变革的能力。

请注意，预算体系不只是缺乏持续变革能力那么简单。如果仅仅是缺乏持续变革能力，那么人们可以寻找对策提升预算的变革能力，或者说，将变革能力注入预算体系之中。预算体系的使命是对抗和消除一切变化，预算的运行机制、原理和方法都是阻碍和抑制组织变革的有效手段。因此，追求稳定和控制的预算，天生就与变革势如水火，无法相容。

主流观点认为，博弈和行为问题、高昂成本、损害企业价值是预算的主要

缺陷。它们诚然是预算的主要弊端，但不是最根本、最深层的弊端。预算的根本缺陷在于其剥夺了组织的持续变革能力。诸如博弈和行为问题、高昂成本、损害企业价值之类的缺陷固然重要，但它们都是由压制组织持续变革能力衍生而来的缺点，而不是预算的根本缺陷。而且，丧失变革能力的后果也比预算的其他缺陷严重得多。行为问题、高昂成本以及忽视顾客、偏离战略等威胁组织价值等负面影响局限于利润的高低，而丧失变革能力终将导致企业的灭亡。

事实证明，预算系统越复杂、越严格、越集权、越烦冗，预算体系失败的概率越大。历史上最著名的几个预算系统，包括德州仪器公司和通用电气公司的计划和预算系统以及美国政府的 PPBS 系统，都经历了同样的命运：起初被寄予厚望、大肆宣扬和吹捧，但结果却是满目疮痍，由于业绩的大幅下滑而不得不终止。例如，20 世纪 70 年代通用电气公司建立了“世界上最有效率的计划体系”，但结果是公司股票交易在同时期几乎处于濒临死亡的水平，而且 PE 也在不断下跌。80 年代初期，接任通用电气 CEO 位置的杰克·韦尔奇很快废弃了计划与预算系统，企业的业绩却开始节节攀升。最近十余年，很多原本风光无限的大型企业陆续陷入低迷，甚至走向破产，也是现代预算阻碍企业适应新环境，而导致企业衰落的有力证据。另外，事实也证明，具有强大创新能力的企业通常都采用自下而上、不太正式、也不太严密的管理方法。例如，以创新能力闻名的 3M 公司、谷歌公司，或者美国国家宇航局阿波罗计划项目都是如此。

接下来，本书将从预算的三个基本原理入手，具体分析它们对组织持续变革能力的抑制作用。此外，预算背后隐藏的一个深层假设是变化被当成有风险和威胁，管理者认为变化有百害而无一益，因此预算被设计为一个阻止变化发生的管理机制就不难理解了。最后，追求控制的预算系统往往造成资源分配向旧项目倾斜，使得新想法和新项目无法获得发展所需的资源，进一步阻碍了组织的灵活性、适应性与变革能力。

一、对变化的恐惧

预算体系的构建反映了管理者对变化的极度恐惧。他们把意外和变化视为头号敌人，认为它们将把组织拉离正确的轨道，带向万劫不复的深渊。现代管理的鼻祖法约尔在《一般管理与企业管理》一书中写道：“未经许可的变化行动就是危险，只会给没有计划的公司带来威胁”，“最轻微的逆风也能让没有防御能力的小艇掉转航向”。既然管理者把变化和意外当成可怕的危险，我们就不奇怪为什么预算体系的建立就是为了杜绝一切变化，剥夺组织的灵活应变能力。

对变化的恐惧导致管理者一味地排斥风险，忽视了机会和风险是一枚硬币的两面这一事实。1956 年，美国司法部根据反垄断法强制要求 IBM 公司分拆大部分打孔卡业务，使得 IBM 丧失了很大一部分利润来源。事后却证明这一分拆是 IBM 腾飞的重要契机。丢失了打孔卡业务的 IBM 投身于计算机的开发，S/360 大型机的巨大成功奠定了 IBM 公司日后的辉煌。无数的成功案例告诉我们，变化也是机遇，即便表面看来不利的变化如善加利用也能点燃成功的火苗。抗拒一切变化，等于将一切创新和进步拒之门外。对变化的恐惧造就了一个个保守、封闭、僵化、死气沉沉的企业，它们或快或慢地向坟墓走去。

二、预定计划阻碍持续变革能力

预算制度致力于消除一切的意外、变化和不确定性，以使企业像机器一样维持正常运转。为此，企业事前制订计划，严格确定了未来的一切行动，并通过其他机制来保证员工严格按照计划行事。首先，控制职能以计划为前提和依据，管理者通过定期比较计划和实际的差异来控制员工行为。其次，为了进一步强化计划的重要性，预算系统将差异分析和业绩评价及激励措施捆绑在一起，通过调节经济报酬的“胡萝卜加大棒”来鞭策员工尽力缩小实际与计划的差异。可见，计划是预算的出发点，也是预算的核心。

预算赋予计划很高的权威性，一经制定就不能随意修改。预算严格要求员工墨守计划，屏蔽了实战中的随机应变和灵光一现。任何与标准和计划的偏离都被视为极度危险的信号，管理者被要求采取行动立即干预，把经营活动重新抬上正轨。新奇的想法不会被上级欣赏，更不会被鼓励。如果创新未能取得好结果，那么受牵连的管理者将受到严峻的惩罚。因此，管理者追求“安全”至上就不令人奇怪了，没有预期之外的事情发生就是最好的状况。预算形成了组织行动的桎梏，封锁了全部的生机与活力，也扼杀了所有可能变革、创新与学习行为。

事实上，计划的最初目的就是消除任何意外，不给变化和创新留有任何空间。明兹伯格追溯到了计划的源头，他写道：“几乎在一个世纪以前，亨利·法约尔这位规划最早、也是最著名的提倡者指出：规划的真实目的不是鼓励灵活性，而是减少灵活性，也就是说，要设定明确的方向，使得能够以一种井井有条的方式投放资源。在随后的日子里，法约尔的这个观点基本为人所忽略，只有少数作者还记得，其中一位就是 William Newman，他于 1951 年写道：'之所以要设定高级计划，就是为了让管理失去灵活性；计划越详细、涉及的范围越广，灵活性越差'。"①

三、正规化压制持续变革能力

对分解与规范化的崇拜导致预算成为一个庞大而繁复的系统，并朝着更加庞大、更加繁复的趋势发展。具备分解与规范化特征的预算满足了人们对"系统方法"的追求，它被认为是理性、科学的最佳解决方案。分解与规范化都建立在分析的基础上，预算本质上是一种分析性技术。事实上，英语中分析一词的词根是希腊文的"拆分"。

战略管理学者迈克尔·波特曾经说过："我喜欢用一组分析技术来开发战略。"分析被当成解决大型企业管理问题的首选方案，战略计划和预算被分解为一组组规定好具体步骤的规范化程序所组成的流程。分析过程的广度越深，它的深度就越浅。整个过程只有分析，没有综合。这种方法对于高度结构化、重复任务较多的工作或许是有效的，但是对非结构化、具有灵活性的工作却是致命的。后者需要的不仅是分析能力，更多的是综合能力。分析类似于一个分类过程，而综合则是创造新的分类。分析把人禁锢在现有的框框之内，综合则有助于超越现有框框。"正是综合能力，才将对现实的各种认知——不论是连续的图形还是离散的事实——融会贯通"，这是变革、创新和学习的前提。

此外，层层分解、复杂冗长的预算流程同样具有压制组织适应能力的作用。对理性分析的崇尚排斥了一切未经检验的直觉和想象，结果把组织桎梏在原有的框框之中。管理层设计清晰的职责划分，推行严格的流程和制度，要求员工遵守各种条条框框。层级和职能的划分把组织切分为无数独立的"豆腐块"，信息被封锁在每个"豆腐块"的内部，难以自由流动。工作被拆分为极其简单、高度重复的细小模块，员工们无法看到全局，也难以和其他人沟通。工作就是遵守流程和纪律，按部就班，不要出其不意。所有的行动都要经过层层审批、道道签字，宝贵的时间和机会在审查中慢慢耗尽。

---

① 亨利·明茨伯格：《战略规划的兴衰》，中国市场出版社 2010 年版。

正规化的、复杂冗长的预算流程阻碍了灵活决策和行动的可能。即使应急产生的决策最终能够得到批准，待到批准时，决策往往失去了时效性。更何况大多数的新点子往往在预算流程中提早夭折，只要审批链条中的一位管理者反对，新的想法就会被立即枪毙。此外，解构化的运营与管理流程意味着执行碎片化工作的员工缺乏灵活决策所需的信息。因此，正规化流程压制了企业持续变革的能力。

四、集权化剥夺持续变革能力

预算的集权化原则从两方面剥夺了组织的变革能力。集权化原则导致思考与行动、计划与执行的脱节，而组织的变革与创新行为往往不是一个可以一蹴而就的过程，而是需要反复调整计划与执行的过程。换句话说，组织的变革是一个需要充分结合思考与行动、计划与执行的过程。

计划与执行的分离可以追溯到泰勒的科学管理运动，泰勒坚决主张对计划与执行加以分离，管理人员负责计划，员工负责执行。他认为，员工不需要思考，也不应该思考，他们唯一需要做的就是依照命令行事。斯隆把泰勒的理念推广到最高管理层，结果是战略与运营管理从此分离。总部的高级经理们负责制订战略，中层经理（即事业部经理）们负责日常运营的管理。此后，思考与行动的分离、决策与执行的分离就成为现代管理的标准模式。预算当然也不例外，上级决定经营与财务计划，下级负责执行。

集权化思想把高层管理者视为组织的“大脑”，把员工视为组织的“手和脚”。这一模式建立在两个假设之上：其一，思考是纯粹理性的分析行为，应该按照正式、系统、规范化的过程进行；其二，行动是一个不需要思考、也不掺杂情感色彩的机械性过程。这两个假设都是值得怀疑的。决策的执行需要员工的理解和支持，不然就会出现管理者经常抱怨的“决策无法得到有效实施”的局面。德鲁克强调决策者与执行者必须结合在同一个人身上，他说：“如果计划者不了解执行者的行动和需要，他的计划虽然在理论上是完善的，却永远无法实现。反之，如果执行者不理解计划者想要实现的是什么，执行者就不会去执行，或者会试图抵制执行他认为不合理的、强加于人的或简直就是愚蠢的计划。”[①] 威廉·大内在《Z 理论》一书中分析了日美两国企业决策方法的差

---

① 彼得·德鲁克：《管理：使命、责任、实务》，机械工业出版社 2009 年版。

异。美国企业采用集权式决策制定方法，虽然决策制定的效率很高，但决策在执行过程中总是很不顺利，决策执行的效率极其低下。日本企业偏爱群体决策方法，虽然需要花费很多时间才能达成具有共识的决策，但是决策一旦制定，便能雷厉风行并保质保量地付诸实施。

明兹伯格指出，“认为组织由顶部和底部构成，有一个大脑负责思考，有一个躯体负责行动，控制流程在大脑和躯体之间流动，向下传递命令，向上汇报成果”实际“是一个错误导向的比喻”。事实上，“在公司顶部的大脑和底部的躯体之间，无法做出严格的区分”，在决策的制定和实施之间，“同样也无法划出清晰的界限。”① 即便是最高明的决策，也必须根据各种各样的现实情况对决策进行调整。以国际象棋比赛为例，没有一个选手可以不加调整地按照赛前拟定的策略与对手博弈，否则即使是顶尖的国际象棋选手也必定遭遇惨败。

组织的变革和创新活动应该授权给一线员工的另一个理由是，一线员工比高层管理者更具有信息优势。在官僚型组织中，信息流沿着从下至上的通道，层层汇总并呈报给上级。人们因而认为，上层管理人员能够掌握全面的事务，而一线执行人员拥有极为有限的知识，这就强化了分离决策与执行的信念。然而，信息在向上逐级传递的过程中会累积严重的时滞，同时信息也会在每一次的传递中被扭曲。等到信息最终到达高层时，不但早就过时，而且面目全非。CEO 往往是组织里最后一个知道真相的人。第一次世界大战帕斯尚尔战役中，英国部队的滑铁卢事件提供了一个极为生动的例子。从未踏足过战场的高级将领们制订的作战计划成为英军的绊脚石，作战计划没有考虑到战场的天气状况，结果持续不断的阴雨天气导致“枪炮失灵、士兵背负着沉重的装备不断滑倒在泥水坑里淹死、炮车举步维艰、进退两难”。高级将领们对前线传来的战况日报置之不理，“为士兵们没有表现出更英勇的进取精神而叹息”②，却不知道他们让 25 万士兵在为期 4 个月的战役中一直在烂泥里推进。

除了造成思考与行动、计划与执行的脱节，集权化管理方式的另一个弊端在于抑制了组织变革的源泉——广大员工的想象力与创造力。集权化背后隐藏着一个假设：高层经理具有超乎常人的智力与智慧。自 20 世纪 80 年代以来，以总经理为首的高管们更是被视为超级英雄。但是，对高管决策的数据统计却

---

① 亨利·明茨伯格：《战略规划的兴衰》，中国市场出版社 2010 年版。

② 亨利·明茨伯格：《战略规划的兴衰》，中国市场出版社 2010 年版。

表明高管并不是出色的决策者。高管们批准引进的新产品中有80%无法销售出去，他们提出的企业并购有近三分之二最终是失败的①。诺基亚的衰败与其高管的判断失误有很大关系，他们大大低估了翻盖手机和智能手机的前景。一些曾经被资本市场誉为天才的高管们，如康塞科公司的加里·文特（Gary Wendt）和世界通信公司的伯纳德·埃贝斯（Bernard Ebbers），最后将公司带入破产。当然，这并不是说高管们智力低下，而是高管也是普通人，他们并不具有未卜先知的能力。世界上确实存在极其优秀的领导人，但这毕竟是罕见的。沃伦·巴菲特曾以戏谑的口气说，大部分公司最后迟早要由傻子来接管。很多高管把企业的成功归功于自己，把失败归咎于环境。但其实正如马云承认的一样，企业的成功往往具有很大的偶然性，外部环境或机遇扮演了很重要的角色。没有任何证据能够表明高层管理者在制定决策方面天赋异禀。

组织的变革与创新能力源自人性中最有价值的方面——热情、创造性、好奇心和学习的快乐。不幸的是，集权化原理剥夺了员工的主见、想象力和创新精神，从而破坏了企业的适应与变革能力。一个集权化、机械化、有序的流程可以高效率地生产出苹果手机“iPhone”，但是，它绝对无法孵化出“iPhone”产品本身。

集权化管理方式形成于工业时代早期，当时大批劳动力从农村涌向工厂，他们没有受过教育，从事简单枯燥的体力操作。完成这些操作需要更多的是蛮力，而不是想象力和创造力。随着工业经济向知识经济的转型、大众受教育程度的提高以及信息技术的飞速发展，绝大多数工作岗位需要的不是体力劳动而是脑力劳动，而且脑力劳动的复杂性和创造性不断提高。可惜大部分企业仍旧机械照搬自上而下管理的传统，无视中低层员工可能迸发出的巨大创造力，不能不说是一种极大的人力资源浪费。

五、资源分配结果进一步抑制持续变革能力

以控制为导向的现代预算制度往往造成一种倾向，即资源分配明显向旧项目倾斜。企业对旧项目的投资逐年增加，而新项目却很难申请到资源。排斥新项目的资源分配方式进一步加剧了对适应性与创新的抑制，使得企业总是停留在原地踏步。有三个原因导致了对现有项目的倾斜：首先，如果新项目失败，

---

① 詹姆斯·索罗维基：《群体的智慧：如何做出最聪明的决策》，中信出版社2010年版。

其所在部门的管理者会遭受金钱、地位、未来晋升机会的严重损失，并直接导致来年所能获得的资源数量。因而管理者往往打着"谨慎"的口号，拒绝"高风险"的新项目。其次，当一个新鲜想法在中低层产生时，它只能沿着垂直指挥链向上逐级提出申请，直到最高管理层通过。只要链条中有任何一位管理人员否决，那么该想法就被立即枪毙了。这种买家垄断的想法市场导致很多创意的提早夭折。最后一个原因是规范化的资源分配流程通常对新项目不利。资源分配程序要求申请者确定项目的数量、成本、时间和利润，这对于前所未有的新项目而言是极为困难的。结果是企业不断把金钱投入到逐渐衰退的商业模式上，当旧有模式被时代所淘汰时，企业也一同走向末路。

第二节 预算的其他缺陷

已有文献一般认为行为问题、高昂成本、威胁企业价值是预算的主要缺陷。不同于主流观点，本书认为预算体系的根本缺陷在于其剥夺了企业的适应性，或者说，剥夺了企业学习、创新、变革、重塑自己的能力。以追求控制和稳定为使命的预算体系致力于消除一切变化，因而预算竭力压制一切变革行为与想法。实际上，行为问题、高昂成本、威胁企业价值是预算体系追求控制和稳定、消除一切变化所带来的副作用。

一、行为问题

现代预算在建立之初暗含了一个假设：希望员工能够像机器一样机械地、按部就班地工作。把人当成机器的愿望，注定是不切实际的。人从来都不是机器，也不可能变为机器。当机械而死板的预算制度遇到人性因素时，引发了设计预算制度时未曾预料到的花样繁多的行为问题。

预算制度机械地要求员工必须达到事先制定的计划和目标，而不管计划和目标是否符合实际。严格的控制手段和奖惩措施向员工施加了巨大的压力，强迫他们去完成既定目标。当目标不切实际、难以完成时，员工经常会隐瞒或歪

曲信息，操纵运营活动，甚至美化会计数字，目的只是为了达到预算。人类的“聪明才智”不局限于此，员工不会等到预算期快结束时才采取各种手段。为了提高达到预算的成功几率，他们会在预算编制期间与上层管理者“斗智斗勇”、歪曲信息、讨价还价，以争取一个容易实现的低水平预算目标。

二、高昂成本

预算的高昂成本也源于预算对控制的迷恋。预算通过计划制订、正规化程序以及集权化模式，来强化控制的力度与精细度。预算系统要求对组织方方面面的运营和活动都要做出细致的计划和具体的目标；集权化模式强调计划和决策都必须由上层决定，员工不能擅自决策或行动；正规化程序要求所有计划必须按照组织维度层层分解，直至细化到最小的组织单元，同时所有计划都要经过层层审批。结果导致预算程序极其复杂冗长，并且涉及大量数据处理，造成预算编制成本十分高昂。

三、对企业价值的威胁

以可预定、正规化和集权化为原则的现代预算体系造就了官僚主义风气。预算本来只是控制的手段，但官僚主义导致实现预算成了目的。各级员工只关心是否达到预算，如何达到预算，而漠视真正决定企业价值的事物——如顾客、创新、协作、责任等。只要能够完成预算，哪怕损害顾客利益、损害其他部门或团队利益、推卸责任，也在所不惜。

有学者指责预算往往沦为利益博弈过程[①]，难以为制定（新）战略提供帮助。战略管理学家亨利·明兹伯格[②]指出，人们往往混淆了战略生成与战略制订的概念。战略生成指的是创造全新战略，而战略制订则是延续既有战略。预算过程本身是对既有战略的细化和具体化，无法帮助管理者设计新战略。

一个流行的观点（Hansen et al.，2003；CIMA，2004）认为，计划职能的失效是当前预算面临的主要问题，原因有二：（1）预算编制沦为博弈过程，预算的确定缺乏可信依据，削弱了预算的计划效用；（2）商业环境的迅速变化使得预算在制定出来后很快就过时了。为此，一些学者建议采用滚动预测与预算，

---

① Hackett Benchmarking Solutions，http：//www. thgi. com/pprfax. htm.

② 亨利·明茨伯格：《战略规划的兴衰》，中国市场出版社 2010 年版。

并且建立更为复杂和细致的计划模型，例如基于作业成本法的计划与预算方法①。

但事实证明，更频繁的预测与预算、更复杂更精密的预测和分析工具，都无助于解决预算的根本问题。预测只在稳定的环境下有意义。当环境变化莫测时，预测就失灵了，因为预测的本质是基于历史状态或重复发生的模式对未来的推断，没有工具能够推断出从未发生过的事件或从未出现过的模式。正如彼得·圣吉所言，精密的预测和分析工具，以及战略计划技术，“通常都不能给企业带来管理的突破性进展”，因为这些工具只能处理“细节复杂性”问题，无法处理“动态复杂性”问题②。当准确预测成为泡影时，计划也就失去了原来的重要意义。在复杂多变的环境下（正如今天很多企业所面临的情况），适应性才是解决预算问题的根本。企业必须具备变革创新的能力，不断主动适应变化的环境，才能生存下来。机械地坚持原先计划和战略，一味强调实现预算数字的企业，必将因为无法适应新的环境，而不得不接受灭亡的命运。

第三节
本章小结

预算的使命就是要维护秩序和纪律，确保一切都在预料之中。这一突出特点既是预算优势的源头，也是预算缺陷的源头。预算在致力于消除一切意外和变化的同时，不仅消灭了所有威胁，也铲除了发展与变革的一切机会。预算体系内的所有元素（包括原理、职能、程序和方法等），都有着同一个目标：对抗变化、压制组织变革。

阻碍组织持续变革是预算的根本缺陷，其他缺陷（如高成本、博弈和行为问题、导致员工忽视顾客、预算偏离战略、阻碍企业灵活应变、破坏企业文化、损害员工积极性等）则是预算阻碍组织持续变革带来的副作用。它们的负面影响主要局限于利润的高低，而阻碍组织持续变革则会威胁企业的生存。

---

① Sandison, D., Hansen, S. C., & Torok, R. G.: “Activity-based planning and budgeting: A new approach from CAM-I”, Journal of Cost Management 2003 (Mar/Apr) vol. 17 (2), p16~22.

② 彼得·圣吉：《第五项修炼：学习型组织的艺术与实践》，中信出版社 2009 年版。

第五章

传统预算的适用条件

第一节 可预测的幻象

根据预算的标准模式，企业事先制订未来行动的计划，一方面用于指引员工的行为，另一方面成为事后控制赖以参照的标准。预算首先是一种计划，计划的制订基于对未来的预测，计划的目的主要是为了控制未来。这种“预测—准备—控制”模式建立在牛顿式世界观之上：未来的经营环境是可以预测的，同时组织有能力通过行动控制未来。很多人不加思索地接受了这些假设，从未怀疑过它们的正确性。

一个被普遍接受的观点是自 20 世纪 70 年代中期以来，商业环境发生了巨大的变化，变化不仅是持续性的，而且震荡幅度也在不断增长。持续预测被很多管理者视为应对环境变化的解决方案，他们仍然相信未来是可以预测的，只不过环境变化导致预测能够覆盖的时间窗口变小而已。

事实上，某些环境是比较容易预测的，另外一些则是难以预测的。如果环境的变化是规律的、连续的，那么预测不会有什么问题；相反，如果变化是不连续的、突发的、具有偶然性的，预测技术就无能为力了。预测只有历史数据

作为依据，因而对于从未发生过的变化，如技术创新、竞争对手的新招数、消费习惯的变化等，实际上是根本不可能预测的。很多著名人士在预测未来上栽了大跟头。例如，1901 年莱特兄弟中的老大维尔伯预言“一千年以内，人类还飞不上天”，1927 年华纳兄弟公司的哈里·华纳（Harry Warner）声称“哪个该死的人想听演员开口说话呢?”1943 年 IBM 的托马斯·沃森（Thomas Watson）断言“我认为整个世界市场，也许需要 5 台计算机就足够了”。

诺贝尔奖得主赫伯特·西蒙（Herbelt Simon）曾指出“只有在拥有良好结构模型的条件下作预测，预测才有可能是可靠的”。Makdridakis 和 Wheelwright 认为，预测的效果取决于对因果关系的良好认识①。在现实世界运营的企业面对成百上千个相互影响、互为因果的因素，它们之间不存在简单的线性因果关系，也无法用良好的结构模型刻画。一旦发生突发性或偶然性事件，预测模型就成了废物，即便是最复杂的模型也无济于事。统计学家们得出一个出乎一般人意料的结论——复杂的预测方法并不比简单方法更好。Pant 和 Starbuck 写道：“对于预测来说，简单通常比复杂的效果更好。复杂的预测方法会误把将随机干扰当成信息。专业水平中等的效果与专业水平高超的效果基本相同。”

所以，预测只有在一种情况下才能奏效，即环境是稳定的。外部环境最好保持不变，或者至少按照以前的线性模式稳定变化，这样得到的预测是比较准确的。如果预测与实际的差异对组织有利，例如，市场需求高于预测值，预测不准也不会带来大麻烦。这就解释了为什么预算和计划在 20 世纪 50 和 60 年代迅速扎根，却在进入 70 年代之后饱受非议。在第二次世界大战结束不久后的 50 年代，市场需求空前旺盛，并一直持续到 60 年代。统计专家 Makridakis 指出：“可以毫不夸大地说，60 年代是西方工业化国家历史上最稳定的时期”，美国经历了“有历史记录以来所有国家最长的连续增长期，长达 105 个月”②。进入 70 年代之后，石油价格猛涨、日本竞争的到来和管制的大量放开使很多企业陷入了长时期的危机。在 50 和 60 年代，预测表现出色不是因为预测技术有多好，而是预测正好适用于稳定增长的环境。到了 70 年代，预测不适用于突发或不利的波动这一局限性终于充分暴露了。

---

① Makridakis, S. , & Wheelwright, S. C. , Forecasting an Organization's Futures, Handbook of Organizational Design, 1981：122 - 138.

② Makridakis, S. :《Forecasting, Planning, and Strategy for the 21st Century》, New York: Free Press 1990.

企业要是无法预测未来，还有能力控制未来么？答案自然是否定的，但是一种极为特殊的情况除外。如果企业具有控制外部环境的超能力，那么连预测都显得无足轻重，企业可以完全控制自己的未来。工业时代企业的典型特征是大，更大。它们热衷于横向合并和纵向结合（即垂直一体化），把自己变成能够垄断所处行业的庞然大物。垄断的好处是可以牢牢控制商品的供给和价格，使自己免于严峻的竞争。垄断型企业用计划代替了市场机制，正是它们才使得预算和计划在美国如此流行。20 世纪 60 年代的顺风顺水强化了人们对于预测和控制的迷恋，管理者们将成功归结为计划的魔力。然而，等到 70 年代的石油恐慌和随后的经济衰退发生之后，巨型公司们发现自己再也无力控制环境了。有趣的是，他们将失败归咎于外部因素，却没有怀疑过计划本身的价值。对管理者而言，环境的变化反而凸显了预测的重要性，预测成为企业对付环境变化的重要解决方案。当然，前提是要改进预测模型，使之更复杂、更完备，容纳更多变量。直到今天，管理学界仍然沉浸在对预测和控制的迷恋之中，寄希望于更加强大的预测模型。预算困境的真正根源在于人们对预测和控制的错误理解，因而企业一直不得其门而入就不奇怪了。

第二节
传统预算的适用条件

一、稳定的外部环境

预算的效用取决于预测的准确性，而预测只有在一种情况下才是准确的：环境是稳定的。外部环境保持不变，或者延续之前的线性变化模式，这样得到的预测是比较准确的。如果预测与实际的差异对组织有利，例如，市场需求高于预测值，预测不准也不会带来大麻烦。

相反，一旦环境发生突发性或偶然性变化，预测模型就成了废物，即便是最复杂的模型也无济于事。预测是基于历史数据对未来做出的推断，因而无法推断出从未发生过的变化，例如技术创新、竞争对手的新招数、消费习惯的变

化等。20 世纪 70 年代中期，石油价格猛涨、日本竞争的到来和管制的大量放开使很多企业陷入了长时期的危机。在 50 和 60 年代，预测表现出色不是因为预测技术有多好，而是预测正好适用于稳定增长的环境。到了 70 年代，预测不适用于突发或不利的波动这一局限性终于充分暴露了。

二、官僚体制的内部组织背景

亨利·明兹伯格曾经分析指出，预算体系最适合官僚型组织（他称之为机械型组织）[①]。官僚体制的出发点是要保持对企业运营的有力控制。为此，它高度强调计划的权威性，集权化的决策方式，以及复杂冗长的正式程序。这样一来，管理者包揽所有的决策、计划和目标设定工作，员工只需机械地执行命令，按部就班地完成分配的工作。这种体制能够保证最大程度的控制，因为员工没有自由决策和行动的权力。预算体系与官僚体制紧密结合，相辅相成。

官僚体制并不适用于所有企业，其中的一个重要原因是它会阻碍企业的灵活性与创新能力。那些拒绝采用官僚体制的企业，例如，创新型企业或专业型组织，通常都不会采用严格的预算体系。

第三节
传统预算在工业时代的合理性

一、稳定的外部环境

稳定的外部环境是预算有效的重要前提。外部环境不波动，或者延续之前的线性增长模式，这样才能得到准确的预测。预测的准确性是预算有效的前提，因为它直接决定了计划的有效性，继而决定了所有预算职能的有效性。诞生于20 世纪 20 年代的预算制度，之所以在 60 年代得到全面普及，原因就在于这段时间的外部市场环境十分稳定。统计专家 Makridakis 指出：“可以毫不夸

---

① 亨利·明茨伯格：《战略规划的兴衰》，中国市场出版社 2010 年版。

大地说，60 年代是西方工业化国家历史上最稳定的时期”，美国经历了“有历史记录以来所有国家最长的连续增长期，长达 105 个月”①。换句话说，预测和预算方法在 60 年代表现出色，正是因为它们正好适合稳定的外部环境。

我们可以把稳定的市场环境这一条件稍微放宽些。如果预测与实际的差异对组织有利，例如市场需求高于预测值，那么，预测即使不准确也不会给组织带来大麻烦。在进入工业时代前，人类社会一直处于物资极其匮乏、“一穷二白”的状态。因此，在工业时代的发展和成熟期，即 19 世纪末至 20 世纪 70 年代早期，众多工商企业面对的是极其广阔的、亟待开发的潜在市场。产品的生产与销售赶不上市场需求的快速增长，“卖方为王”的市场对企业而言是极为有利的。在这种背景下，即使预测数字不符合实际（低于实际），也不会影响企业盈利的增长。

在另外一种特殊的情况下，预算也能派上用场。如果企业具有控制外部环境的能力，那么连预测都变得无足轻重，企业可以控制自己的未来。控制外部环境的一个有效做法就是垄断。事实上，垄断正是工业时代出现的一个具有普遍性的现象。例如，1929 年通用、福特和克莱斯勒三大汽车巨头垄断了美国的汽车工业，到了 20 世纪 60 年代，他们生产的汽车占全行业的 94%。在铝、啤酒、石油、电报、烟草、早餐食品、染料、胶卷、缝纫机、钟表等为数众多的其他行业，情况也极为类似。垄断使得大型企业可以控制产品的供给和价格，并使自己免于严峻的竞争。因此，它们可以用计划代替市场机制，正因如此预算才变得如此流行。

综上所述，在预算诞生后的半个世纪里（20 世纪 20 年代至 70 年代初期），大部分企业（尤其是大型企业）面临相对稳定的外部环境，这就解释了为什么预算得以广泛流行。到了 70 年代中期，一系列未曾预料到的变化——石油价格猛涨、日本竞争的到来和管制的大量放开，使很多企业陷入了长期危机。也正是在此时，预算的魔力第一次失灵了，人们试图改进预算以提高其预测和计划的能力，但最终都无功而返，铩羽而归。问题的真正根源在于预算天生不适合突变的环境，这不是改进预测技术所能解决的。

---

① Makridakis, S.:《Forecasting, Planning, and Strategy for the 21st Century》, New York: Free Press 1990.

二、官僚体制的内部组织背景

官僚体制是工业时代的产物，它与一种特定类型的组织配合得很好：它们规模很大，大部分员工从事体力劳动，提高生产效率是它们的首要目标。显然，这类组织是工业时代孕育并成长起来的典型组织。

（一）工业时代的“标准”组织特征

1. 大规模组织。恐龙式的大型组织是工业时代企业的最明显特征。在工业时代之前，人类社会从来没有出现过规模如此庞大、组织如此紧密的组织。工业时代之所以孕育出数不胜数的庞大组织，原因在于工业社会以石油和其他“精英”化石为能源基础，而化石能源的开采和利用“需要大量的资本作为后盾”，以及“组织管理严密的规模经济”①。石油等能源行业的发展衍生出了工业时代的一系列支柱性产业，包括金融业、汽车业、电信、建筑、电力和公共事业等。它们与石油工业一样，不仅需要极其庞大的资本，也需要建立集中化的庞大组织来维持运行。1901 年，美国钢铁公司成为世界上第一个拥有 10 亿美元的公司，其资本密集程度是之前人类所无法想象的。到了 1960 年，美国前 50 家规模最大的公司平均雇用 8 万名员工。其中，通用汽车公司拥有 59 万名雇员，美国电话电报公司拥有近 74 万人。

2. 追求高效率。这些大型企业不懈地追求更高的生产效率，因为只有提高生产效率，才能降低成本，而降低成本是提高销售量的决定因素。亨利·福特直截了当地表示：“轿车价格每降低 1 美元，我就可以新增 1000 个购买者。”“1908 年，福特生产了 6000 辆 T 型车，每辆售价为 850 美元。到了 1916 年，他卖出了 6 万辆车，售价为 360 美元。在 T 型车的最后一年里，第 1500 万辆车走下生产线，售价仅为 290 美元。”② 另外，对高效率的追求又推动了组织规模的扩大，因为扩大生产规模是提高效率的最有效方法。换言之，“大”也是“高效率”和“低成本”的代名词。福特不断扩大生产规模，就是为了不断降低 T 型车的成本。除了扩大生产规模之外，大型工业企业还不断地进行纵向合并（产供销的垂直一体化）和横向并购，结果造就了众多前无古人的庞然

---

① 杰里米·里夫金：《第三次工业革命》，中信出版社 2012 年版。

② 斯图尔特·克雷纳：《管理百年：20 世纪管理思想与实践的批判性回顾》，中国人民大学出版社 2013 年版。

大物。

3. 蓝领员工。20 世纪 70 年代之前，大部分工作都是简单枯燥的体力操作，这些工作不需要什么知识，每一个身体健康的人都能很快上手。企业中大部分员工都是没有受过良好教育的蓝领工人。工人的工作并不需要脑力思考活动，事实上，管理者认为工人根本不应该思考。工人在工作时想得越少，生产效率就越高。泰勒毫无顾忌地说："对适合将搬运生铁作为职业的工人的首要要求之一就是，他得像牛一样蠢笨和懒散。"

这些蓝领工人中的绝大多数都来自贫困的家庭，经常面临挨饿的风险，他们迫切需要工作以保证温饱的生活需要。他们对企业的需要远高于企业对他们的需要。企业可以轻松地找到其他替补人选，因为体力工作并不要求特殊的知识和技能。亨利·福特说过："人们工作有两个原因。一个是为了工资，一是为了失去工作的恐惧。"工资是"胡萝卜"，恐惧是"大棒"，它们是鞭策员工卖力工作的动力。

（二）官僚体制与工业时代"标准"组织的匹配

官僚体制是为工业时代的"标准"组织形式量身定做的组织与管理模式。在通信技术低下的条件下，将成千上万名员工以直线——职能部门和等级森严的层级制组织起来，是便于有效控制的最经济的组织方式。对计划、预算和目标的重视，繁复且解构式的经营与管理程序，集权化的决策与管理方式，是有效控制大型组织、确保组织像机器一样正常平稳地运转的最佳管理方式。

官僚体制强调以理性和科学的方式运营和管理企业，这表现为对计划、标准、制度、程序、数字指标的高度重视。管理者们相信，官僚体制是最科学的管理模式，因而也是最佳的管理模式。它能够实现最严密的控制，也能够最大限度地提高生产效率。德国社会学家马克斯·韦伯在其 1924 年出版的著作《社会和经济组织理论》中高度赞扬了官僚体制的这一特点，他写道："从纯粹技术的角度来说，组织管理采用官僚体制才能保证获得最大效率；也是从这个角度来说，官僚体制是对人类实现必要的控制所需采用的最理性的方法。与其他形式相比，官僚体制不论在精确程度、稳定性、纪律的严格性，还是可靠性方面，都更胜一筹。"

官僚体制的有效性也取决于员工的特征。事实上，官僚体制尤其适合管理和控制蓝领工人。官僚体制把工作切分成无数极其细小和简单的操作，无需特

殊的知识便能很快上手。蓝领工人从事简单机械的体力工作，他们不需要思考、决策和分析，更不需要发挥想象力和创造力。因此，“命令—控制”型管理方法十分有效。福特说过：“我们希望工人做要求让他们做的事情。组织是高度分工的，一个部分与另一个部分是相互依赖的，我们一刻也不能允许让工人按他们自己的方式来工作。没有最严格的纪律，我们就会陷入极大的混乱。……如果每个人都可以按自己的方式工作，产量会减少而收入也会减少。”① 最后，对于贫困而缺乏知识和技能的蓝领工人，官僚体系常用的“胡萝卜加大棒”激励方法能够有效地鞭策他们努力工作。

第四节 本章小结

传统预算并不是普适的管理工具，其有效性取决于两个必要条件：稳定的外部环境，以及官僚体制。稳定的外部环境之所以重要，是因为预算的效用取决于预测的准确性，而预测只有在一种情况下才是准确的：环境是稳定的。第二个必要条件是以控制为核心的官僚体制模式能够很好地服务于企业的管理需求。

传统预算在20世纪70年代中期之前没有受到太大挑战，有两方面原因：一是存在稳定（或有利）的外部环境；二是官僚体制与工业时代典型组织的特征（大规模、追求高效率、蓝领员工）配合得很好。

---

① 转引自斯图尔特·克雷纳：《管理百年：20世纪管理思想与实践的批判性回顾》，中国人民大学出版社2013年版。

第六章

互联网时代对传统预算的挑战

第一节

互联网时代的到来

未来学家阿尔文·托夫勒认为信息时代（原文称之为“第三次浪潮”）起始于20世纪50年代后期[①]，当时计算机应用已由专门的科学计算和军事用途扩散到商用领域。相比之下，管理史学家小艾尔弗雷德·钱德勒对信息时代的定义更宽泛[②]，他把基于电子管技术的广播和电视的出现视为信息时代的开端。钱德勒对信息时代进行了细致地划分：电子管时代（1907～1967年）；晶体管时代（始于20世纪后半期）；以计算机在科研和军事领域的早期应用为特点的计算机时代（1946～1952年）；以大型机和小型机的商业应用为代表的数据处理时代（1950～1980年）；以个人电脑的商业应用为代表的微机时代（1980～1995年）；以互联网商业应用为标志的网络时代（1995年至今）。在钱德勒定义的信息时代中，信息技术从1950年后开始逐渐影响到商业领域，成为企业

① 阿尔文·托夫勒：《第三次浪潮》，中信出版社2006年版。

② 阿尔费雷德·D. 钱德勒、詹姆斯·W. 科塔达：《信息改变了美国：驱动国家转型的力量》，远东出版社2011年版。

不可或缺的重要信息工具。

今天，人们终于认识到信息技术对人类社会影响最大之处来自于网络，尤其是互联网。企业利用互联网改造现有工作方式与流程，如让员工从内联网获取信息，提高工作效率；让顾客通过网站进行自助服务；直接通过互联网交付产品。互联网改变了管理跨度与组织结构，金字塔形层级制结构开始向扁平化、灵活化倾斜，缩减规模成为主流趋势。企业尝试建立流程小组或跨部门小组来克服传统职能部门结构的弊端，供应链管理与互联网帮助企业与外部企业更好地合作，这种合作由简单的外包逐渐转为以优势互补为目的的动态网络联盟（或称为“虚拟公司”）。再接着，企业界掀起了“流程再造”的浪潮，企业利用网络技术重组并整合跨职能的业务流程。

互联网不仅改变了工作方式、运营流程、信息获取与传播方式，也改变了企业内部组织结构以及企业与外部组织的合作方式。互联网催生了数不胜数的新产品和服务，例如网上零售、互联网搜索、网络通信（如 QQ）、基于时间的共享服务（如民宅短租）、衣食住行的互联网化等等。被称为“Web 2.0”的第二波互联网浪潮带来了全新的革命，赋予了草根大众生产并传播内容的权力，脸书、微信等社交网络产品成为新一轮的主角，在短短数年内获取数以亿计的用户，迅速攀登上财富排行榜的前列。Web 2.0 的出现标志着互联网不只是一种单纯的技术工具，更是一种全新哲学观的隐喻——草根、民主、自下而上、群体智慧、失控取代了精英、集权、自上而下、高层智慧、控制的传统观点。新的词汇表被称为“互联网思维”，所有行业都被卷入“互联网思维”的滚滚洪流之中。互联网正在重新定义所有行业——包括运营方式、运营过程、产品/服务的内容、商业模式、管理模式、组织结构。网络是新时代的图腾，取代金字塔和时钟成为新型组织与管理模式的象征。

尽管计算机早在 70 年前就已诞生，但是信息技术对人类社会的颠覆性作用直到 2012 年才真正显现出来。被誉为“互联网革命最伟大的思考者”的克莱·舍基教授总结出技术对人类社会发生影响的历史规律，他说道：“工具的发明并不造成改变，它必须与我们相伴足够久并让社会里绝大多数人都用上它。只有当一项技术变得普通，而后普遍，直到最后无处不在而被人们视若不见，真正的变革才得以发生。”①

① 克莱·舍基：《未来是湿的》，中国人民大学出版社 2009 年版。

2012 年之所以具有重大的里程碑意义，原因在于它标志着移动互联网时代的来临。美国最大的风险投资基金 KPCB（凯鹏华盈）合伙人 Mary Meeker 在 2012 年发布的一份报告中指出，在 2010 年度，全球移动计算设备（智能手机加平板电脑）的销售量已经超越台式机和传统笔记本电脑。根据 CNNIC 于 2012 年 7 月发布的《第 30 次中国互联网络发展状况统计报告》显示，截止到 2012 年 6 月底，手机网民规模达到了 3.88 亿人，手机首次超越台式电脑成为第一大上网终端。

移动互联网突破了非移动端上网的限制，意味着互联网的覆盖率将得到极大的提高。每个人可以随时随地连接上网，互联网像空气和水一样与人类生活水乳交融的时刻终于来临！如果说在互联网时代信息技术“变得普通，而后普遍”，那么在移动互联网时代，信息技术终于变得“最后无处不在而被人们视若不见”。

随着移动互联网时代的来临，互联网最有趣、最激动人心的变化刚刚粉墨登场。在全民全天候上网的环境下，互联网产品和服务的创新必将如火山爆发般喷薄而出，所有的行业都必须围绕互联网转型。惠普公司前 CEO 卡莉·费奥里娜在 2004 年的一次公共演讲中曾预言：过去 25 年对于科技领域来说只是“热身行为”，现在人们将进入主要阶段，“我所谓的主要阶段指的是科技可以改变商业、生活和社会每一方面的时代”①。

第二节
互联网时代对预算有效性的挑战

一、突变的外部环境

（一）稳定环境假设被颠覆

预算之所以在 20 世纪 70 年代中期之前没有受到挑战，有三方面的原因：

① 托马斯·弗里德曼：《世界是平的：一部 21 世纪简史》，湖南科学技术出版社 2006 年版。

一是60年代的市场环境较为稳定；二是供不应求的市场对企业极为有利，预算即使不那么有效也不会对企业生存造成冲击；三是很多企业借助垄断的铁腕，控制了市场，构造出稳定环境的“假象”。

在互联网时代，以上对预算有利的环境前提都被彻底颠覆了。首先，多数产品市场都趋于饱和，卖方市场转变为买方市场。如果预测和计划不可靠，很有可能对企业运营造成严重的负面影响。其二，信息和知识超越了实体资源，成为互联网时代最重要的资产。这给昔日的垄断企业迎头一击，它们不得不面对这一新的事实：垄断的期望是不切实际的，雄厚资本再也无法使企业免除竞争之忧。最重要的一点是，互联网正在全人类社会掀起一场天翻地覆的大革命，这场革命将持续数十年。这场革命的性质与激烈程度不逊于300年前能源技术的重大突破推动人类社会从农业社会进入工业社会一样。令人尊敬的商界领袖、索尼公司前主席出井伸之早在2004年就提醒人们：“我们这个商务科技世界正在发生重大变化，有一天人们会说这种变化‘就像流星撞地球导致所有恐龙灭绝一样’。”① 在时代大变革的背景下，企业面对的将是汹涌翻腾的大风大浪。未来是全新的，前所未有的，无人可以预料的。突变主宰了今天以及未来数十年的商业环境，使得稳定成为天方夜谭。

下面将具体阐述互联网如何打破垄断的铜墙铁壁，并引发商业世界的颠覆性革命。

1. 互联网打破垄断的逻辑。知识的价值在于质量，而非数量。知识产生于有创意的头脑，而非大规模的生产线中。知识可能诞生于各种意想不到的犄角旮旯里，大企业无法垄断知识的生产，相反，大企业往往将各种新奇有趣的创意扼杀在摇篮里。微软公司一度是软件行业不可一世的霸主，为了维护自己一枝独秀的地位，多年来它对众多有前景的IT企业虎视眈眈，采取要么收购，要么绞杀的政策。即便如此，它未能阻挡住谷歌前进的脚步，也无法阻挡自己衰退的步伐。同样，无论谷歌多么强大，它也无法阻挡其他新的商业模式的出现，脸谱就是最典型的一个例子。可以说，即使没有反垄断法，垄断也失去了昔日的强大力量。昔日风光无限的巨头企业——通用汽车、松下、诺基亚、索尼、戴尔等不约而同地跌入低谷，便是垄断失效的明证。在创新为王的环境下，没有一家企业能够垄断市场。

---

① 托马斯·弗里德曼：《世界是平的：一部21世纪简史》，湖南科学技术出版社2006年版。

2. 互联网引爆商业世界大革命。最近几年，伴随着移动互联网的普及，人们猛然意识到一场即将持续数十年的天翻地覆的商业大变革才刚刚拉开序幕。互联网将彻底颠覆所有行业的商业模式，所有行业都将重新洗牌。所有企业都将面临这一现实：在接下来的数十年，整个商业世界都将是动荡不安、变化莫测、无法预料的。人类社会正处于一场没有硝烟的大革命之中。在如此突变的环境之下，稳定环境的假设被无情地粉碎了。

在20世纪末，提供信息内容的产品或服务的行业受到互联网猛烈冲击，例如报纸和电视传媒、图书、唱片、胶卷、邮政、印刷等行业，这些行业里的很多企业都面临收入和利润骤降，甚至倒闭的危机。之后，零售、旅游、批发等中介行业由于互联网的去中介化力量，也迎来了寒冷的冬天。这些变化只是“序曲”，互联网的威力远远不止于此。

2012年后，伴随着移动互联网时代的来临，互联网海啸般地席卷了几乎所有行业，信息技术对人类社会的颠覆性影响突然变得清晰。零售、物流、通讯、金融、交通、能源、教育、电视、医疗设备、汽车制造、家居、衣食住行等行业都面临被颠覆的命运。腾讯撬动了移动和电信的奶酪，余额宝等“宝宝们”引发了金融业的“地震”，滴滴打车和快的打车改变了出租车行业的运营方式，基于电力和互联网技术的新能源对传统能源企业构成了潜在的强大威胁。移动互联和智能技术正在向所有制造行业蔓延，一切的有形产品都正在或即将被赋予智能与网络通信能力，互联网电视、可穿戴医疗设备、智能汽车、智能家居、衣食住行的各类互联网服务成为当下的热点。SOHO中国董事长潘石屹不久前在媒体会上说的一番话，道出了很多管理者的心声。他说：“如果前些年想这个世界会变化，总还是一种设想。但到了2014年，我们最大的感触，最大的压力，就是这个世界真的在变化，各行各业都在变化，无一例外。”“互联网思维”在2014年成为最热门的话题，上至精英人士下至普罗大众终于清晰地感受到：“所有还没有被互联网改变的行业都即将被互联网所改变。”

互联网时代一个令人头晕目眩的现象是：互联网模糊了行业的界限。跨界成为当前商业的常态，企业分不清楚谁是自己的敌人，谁是自己的朋友。以电信行业为例，多年来移动和联通一直视对方为主要敌人，现在突然发现原来两家是难兄难弟，腾讯才是最可怕的竞争对手。类似的例子不胜枚举，照相机、计算器、CD/VCD/DVD播放机、电话制造商的业务被电脑制造商瓜分了大半；金融企业受到互联网金融产品的猛烈冲击；家电零售企业苏宁在战胜了老对手

国美之后，又面临互联网企业京东商城的挑战；出租车行业正在被打车软件改写。未来，移动化和智能化将彻底改造一切行业，汽车、家电、家具、医疗设备、家居、建筑等所有实体都将置入芯片和无线联网功能，它们不再是冷冰冰、没有大脑的物件，而是具有智能的“生物”。也就是说，所有生产制造实体产品的企业很可能被新的互联网企业所取代。

没有人知道互联网企业的经营边界在哪里，它们似乎无孔不入，无所不包。小米公司从手机领域延伸到加湿器、机顶盒、电视机和智能家居；京东商城从电器零售，到百货零售，再到智能家居平台；阿里巴巴的触角伸到了金融、广告、传媒、电影、打车、社交网络和衣食住行；谷歌公司更是无所不包，搜索、广告、邮箱、地图、移动操作系统、租车、无人驾驶汽车。在互联网时代，行业的边界倏然消失了。

行业进入壁垒的消失、垄断和知识产权的瓦解、无行业边界的竞争、极其快速的创新，这一连串的新特征描绘了一个全新的互联网时代。苏宁董事长张近东在近期内部会议上用“失控”和“混沌”来描述互联网时代的商业环境，他说道：“由于互联网的无边界效应导致了大量的跨界，商业规则和秩序进入新的混沌状态，新的竞争对手、机遇、风险、危机都可能来自意想不到的角落，以不可预料的方式出现、扩散并引爆，甚至可能颠覆既有的格局。比如一个微博上的吐槽可能引发全国关注，视频网站可能杀入彩电市场等。”

今天，我们唯一可以预知的就是：在未来的数十年中，企业将不得不面对根本无法预测的突变环境。

（二）突变环境剥夺了预算的有效性

准确预测是预算有效性的必要前提，而这取决于环境的稳定性。只有当环境稳定时，预测工具才能像巫师的水晶球一样准确预测未来。如果环境动荡不安，而且变化是前所未有的，那么预测就会出现严重偏差。这将直接损害计划的有效性，进而引发多米诺骨牌式效应——以计划为基础的控制、业绩评价、激励等其他预算职能也将纷纷跳水。

自从20世纪90年代以来，互联网技术的迅猛发展推动商业世界一轮接一轮的变化。最近几年，移动互联网时代的来临更是吹响了商业范式大革命的号角。在今天和未来的数十年里，商业环境将充满未知数和不确定性。因此，预测技术失去了从前的“魔力”，预算也因而丧失了效用。

遗憾的是，现代预算的观念根深蒂固，以至于鲜有人反思并质疑预算存在的必要性。预算体系在20世纪60年代登上了“神坛”，管理者们把企业的繁荣归功于预算系统，却没有意识到稳定的外部环境才是最重要的原因。70年代，石油恐慌、经济衰退和日本竞争对手的入侵等一连串未曾预料的环境变化使很多企业遭受重创。有意思地是，管理者不但没有把预算和企业失败联系在一起，反而更加抬高了预算的重要性。他们理所当然地认为，更好的预测和计划是抵御环境变化的唯一方法。

直到今天，会计学界仍然固执地相信：改进预测技术，能够使预算适应剧烈变化的外部环境。换言之，提高预测和计划频率，以及建立更加复杂和庞大的数学模型，是拯救预算的良方。这个观点大错特错，原因在于人们对预测技术缺乏了解，对变化的类型也认识不足。预测技术的本质是以历史数据为基础，对未来进行推断。它们试图将过去的模式或规律，投射到未来。因此，预测不会得出超出历史模式的结果。事实上，“商业预测都是沿袭现状，换句话说，是以平稳的既定趋势为依据”[①]。我们可以根据是否能够预测这一标准，将环境变化分为两类：一类是规律性的，有特定模式的，已经发生过的；另一类是突发的，一次性的，发生之前没有任何规律或模式可循。前者可以准确预测，而后者永远无法准确预测。无论如何改进预测工具，都改变不了突变无法预测这一事实。

在过去的30年里，学者们不断提出各种改进预测或计划模型的方法，结果没有一个获得成功。这一点也不奇怪，预算改进研究陷入了方向性错误的泥沼。就好比跟风车恶斗的堂吉诃德，无论多么努力，注定都是空忙一场。

二、官僚体制的失灵

（一）互联网时代组织特征的变化

互联网时代的典型组织具有与工业时代企业完全不同的特征：（1）创新取代高效率成为管理的首要目标；（2）小型企业取代大型企业成为主流；（3）知识员工和数字牛仔取代蓝领工人。这些变化颠覆了官僚体制（即传统组织与管理模式）的前提假设，导致官僚体制的失灵。

---

① 亨利·明茨伯格：《战略规划的兴衰》，中国市场出版社2010年版。

1. 创新取代高效率成为首要目标。在互联网时代，信息和知识取代实体资源成为支柱型资产，信息和知识密集型企业将成为新时代的主流。这将带来一个结果：创新比高效率重要得多。原因有二：（1）知识与信息的价值在于新奇和独特，而非数量。因此，创新比高效率重要得多。（2）生产 1 件信息产品或服务的成本，与生产 1 万件或 100 万件，没有实质性差别。或者说，生产第 2 件及以后的产品，成本几乎为零。信息或知识型企业的成本构性与工业企业显著不同，固定成本占据绝大部分的比重，变动性成本几乎为零。一款受欢迎的信息产品或服务能够给企业带来巨额收益，原因就在于第 2 件及以后的产品销售只带来收入，而不增加成本。因此，控制成本与提高效率不再是管理的首要目标。

行业进入壁垒的消除，行业界限的模糊，“虚拟企业”的动态网络化组织以及近年来风险投资的迅速增长，不断为商业竞争添薪加柴，火上加油。在激烈竞争的环境下，不断保持产品和服务的快速创新成为维持生存的前提。互联网企业可谓快速创新的代表，它们每隔几天就推出现有产品的升级版本，数个月就能推出全新的产品。今天，全新的商业模式风起云涌，“城头变幻大王旗，各领风骚两三年”成为最贴切的写照。市场与企业不断地相互作用，相互进化，没有人知道未来受欢迎的商业模式和产品服务是怎样的。无数新兴的互联网企业白手起家，在短时间内获取大量市场，创造了有史以来快速致富的奇迹。它们的例子表明：创新才是价值的源泉，而高效率、低成本都不再是俘获市场和获取高额利润的关键因素。

2. “小而美”取代“大而美”。工业时代的代表性商业模式是大规模生产出品种单一的产品。大规模生产能够有效降低产品成本，生产规模越大，生产成本越低。在物资匮乏的年代，正是大规模生产使得各种工业产品如汽车、照相机、电视机等，得以走进千家万户。但是，在物质丰裕的今天，海量、庞杂的个性化需求取代了对低价标准型产品的需求。普通的电视机、电冰箱、电脑、手机产品必将陷入比拼价格的“红海”中，不断寻找并快速满足新的个性化需求才有可能闯出一片“蓝海”。

在互联网时代，人们的个性化需求日益凸显。我国拥有十多亿人口，千分之一或百分之一的需求就能构成一个庞大的市场，这为创新提供了广阔的发展空间。在创新面前，小企业比大企业更有优势，原因主要有两点：其一，小企业更为灵活，更鼓励创新，大企业的层级制组织和官僚式管理往往压制了创

新；其二，信息技术和互联网的迅猛发展，使得小企业能够拥有与大企业相媲美的力量，小企业能够轻松地获取所需资源，并且通过互联网渠道接触顾客。个人力量的崛起是互联网时代独有的现象，小微企业是互联网时代的代表性企业。规模大不再是优势，反而成为负累，“大象型”企业不敌“跳蚤型”企业的案例屡见不鲜。“小而美”取代“大而美”，成为互联网时代的共识。

3. 知识员工与数字牛仔。在互联网时代，工作和员工的性质都发生了根本性的变化。在过去的半个多世纪里，大众教育程度得到了大幅提高，大部分员工都具备本科或以上的学历。知识型员工取代蓝领工人成为劳动大军的主力。另外，信息技术的进步使得很多体力工作实现了自动化。不仅如此，很多结构化、程序化的白领工作也由计算机来完成。这意味着员工必须从事计算机无法胜任的工作——需要人的判断力、创造力、想象力来完成的工作。与体力工作相比，知识型工作不仅知识更新速度很快，而且专业细分程度极高。管理者与下属之间的知识鸿沟消失了，他们更多的是伙伴，而非等级森严的上下级。管理者比下属更有智慧的假设也不再成立，管理者无法掌握所有领域的知识，因而无法做出各种决策。

随着“80后”和“90后”进入职场，员工的特征又出现了一个崭新的特点。这些从小在计算机环境中成长起来的年轻人，被称为“数字牛仔”。他们的求知欲更强，更加独立，更富有个性和创造精神，崇尚自由、平等、民主。他们大多没有经历过贫穷的磨难，对兴趣、热情、认可的追求超过金钱。“命令—控制”型管理模式只会引起他们的反感，金钱激励措施也无法收到预期的效果。

（二）互联网时代推翻官僚体制的存在前提

恐龙们——大型工商企业是工业时代的霸主和代表。它们依靠雄厚资本树立高不可攀的行业进入门槛，组织大规模生产以降低生产成本，通过垄断行业市场来使自己免于惨烈的竞争。官僚体制与工业时代的大型组织配合得很好，它为运营活动的稳定、秩序与纪律提供了保障，帮助大型组织实现高效率和低成本的运营。

工业时代的游戏规则在信息技术的冲击下彻底失灵了。在互联网时代，构筑行业壁垒和垄断成为不切实际的梦想，高效率和低成本不再是竞争优势的来源。信息和知识成为企业最重要的资源，顾客需要丰富多样的个性化产品和服

务，不断推陈出新的能力才是竞争优势的源泉。小而灵活的知识型组织是互联网时代的主流。

在互联网时代，官僚体制昔日的优点全部变成了致命的缺陷。计划和预算、正规化程序、集权化的管理原则严重束缚了组织的决策和行动，剥夺了企业的灵活性和创新能力。工作就是遵守计划、制度、程序和纪律，按部就班，不要出其不意。所有的行动都要经过层层审批、道道签字，宝贵的时间和机会在审查中慢慢耗尽。层级和职能的划分把组织切分为无数独立的“豆腐块”，信息被封锁在每个“豆腐块”的内部，难以自由流动。高层管理者既不了解市场，也不了解实际运营；中层管理者上不达决策，下不近市场，之间又缺乏互动协作。组织内部树立着无数道“隔热墙”，市场的温度变化被挡出组织的围墙之外。每个人都必须让上级满意，而不是让市场或顾客满意。每位员工关心的是如何取悦上级，以及如何获得更多的金钱，而不是如何改进产品或服务。总监、部门经理和团队领导者们的大部分精力和智慧都浪费在组织内耗中，想尽办法争取更多的资源、更大的权力和更多的经济利益。

近年来，戴尔、思科、摩托罗拉、诺基亚、索尼、柯达、惠普、联合利华、通用汽车等众多昔日光芒万丈的明星企业相继陷入沉重的危机。诺基亚CEO 约玛·奥利拉在记者招待会上公布同意微软收购时说的一句话——“我们并没有做错什么，但不知为什么，我们输了”，令很多人唏嘘不已。它们拥有一流的人才、丰裕的现金流和先进的技术，却节节败退而无力回天。这些现象释放了一个强烈的信号：官僚体制完全不适合互联网时代的组织。

三、互联网时代颠覆预算的有效前提

上两节的分析表明，传统预算不适应互联网时代的要求，有两个重要原因：第一，在今天和未来的数十年内，突变将是商业环境的主要特征，这使得在稳定环境下成长起来的预算体系变得无效。第二，现代预算体系追求纪律、秩序、控制和效率，这与互联网时代所需要的灵活性和创新能力背道而驰。预算体系致力于消除一切变化（无论好坏），因而它成为创新的绊脚石，压制一切新鲜有趣的想法和行动。

可以这么认为，如果不改变基于传统管理视角的预算本质理解，那么互联网时代将严重挤压甚至摧毁预算的生存空间。但是，如果我们转变对预算本质的认识，把它从实现预期目标的具体手段、工具与职能的狭隘空间，扩大为保

障组织实现预期目标的机制的辽阔疆界，那么预算实务及理论的发展空间将获得突破性增长，预算的改进与抛弃之争也将不攻自破。

组织可以从大自然中的生命系统获得启示与灵感。无论地球环境发生怎样天翻地覆的变化，生命系统不仅顽强生存下来，而且进化得越来越高级、越来越复杂、越来越精致。为了达到可持续生存与发展的终极目标，生命系统持续地学习、进化与改变自己，以适应环境的不断变化。类似地，组织必须具备持续变革的能力，才有可能实现可持续生存与发展的终极目标。

新视角对预算本质的认识，要求人们构建出一套全新的预算体系，支持组织在变化莫测的环境中的可持续发展与变革。可以预见的是，新的预算体系将与现有预算体系全然不同：后者追求严格的控制，而前者追求学习、创新和变革能力。新体系将欣赏无序的价值，它深知：无序确实可能带来混乱与浪费，但无序也是创新、变革和适应性的源泉。正如现存预算是一个具备强大连贯性的整体，新体系也必将是一个具备强大连贯性的整体。这意味着新预算体系的所有元素都将与预算体系截然不同，包括前提假设、基本原则、职能、流程和方法。

第三节
本 章 小 结

在今天和未来的数十年里，企业将身处一个动荡不安、充满不确定性的环境中。这不仅是由于市场由卖方主导转变为买方主导，以及垄断梦想的破灭导致竞争和环境变化的加剧。最重要的是，互联网时代的来临吹响了商业范式大革命的号角。突变将是未来商业环境的主要特征，这使得在稳定环境下成长起来的传统预算丧失了效用。另外，互联网时代的代表性企业所具有的三个典型特征：小而灵活，追求创新及知识型员工，决定了追求纪律、秩序、控制和效率的官僚体制无法满足互联网时代的企业管理需求。因此，本章得出这一结论：互联网时代颠覆了传统预算的有效前提。

第七章

来自新科学的启示

第一节
基于新科学的世界观

每个时代的主导世界观都受制于当时的科学发展水平。如美国经济趋势基金会主席杰里米·里夫金所言，“我们所谓思维的抽象只不过是我们对科技应用体验的解释罢了”。[①] 在科学未开化的蒙昧时期，人们将各种无法解释的现象归结为上帝或鬼神的魔力。人类认识自然的第一次重大飞跃源于牛顿经典力学体系的建立，人们在用力学原理解释众多自然现象时获得了巨大的成功，对天体运动轨迹的准确预测更是极大地鼓舞了经典力学信徒们的信心。牛顿经典力学体系的建立开辟了一个新的时代，它不仅标志着现代自然科学理论的诞生，成就了人类社会的新面貌，更是对人类思维方式和世界观的一次重大洗礼。

在整个 18 世纪和 19 世纪，以牛顿机械力学为代表的经典物理学看起来坚若磐石、坚不可摧。到了 20 世纪初期，探索原子与亚原子世界的科学家们惊讶地发现了一个神秘莫测的崭新世界，牛顿定律在那里丝毫不起作用，人们迫

① 杰里米·里夫金：《第三次工业革命》，中信出版社 2012 年版。

切需要寻找认识世界的新方法。量子理论的横空出世如同一枚重磅炸弹在物理学界掀起了轩然大波。随后的一系列科学研究成果——波粒二象性、波动方程、海德堡测不准原理、系统论、耗散结构论、协同论、突变论，对经典物理学的机械世界观，连同还原论和因果决定论的观念，发起了猛烈的冲击。“从简单到复杂，从局部到整体，从结构到状态，从无序到有序，从冲突到协同，从分析到综合，从平衡态到非平衡态，从线性区到非线性区，这些最富有革命性的理论揭示了一系列绝异于西方传统观念的新的本体性原理和范畴。”① 科学家们的世界观从此被彻底颠覆。物理学家海森堡感慨道：“只有确实感受到物理学的基础已经开始动摇了，并进一步认识到地基是因科学而坍塌的，你才能理解为什么人们会对现代物理学的发展反应如此激烈。”

作为自然科学之母，经典物理学的坍塌引发了其在自然科学和社会科学领域的多米诺骨牌效应。在生物学、化学、神经科学、宇宙学、生态学、气候学、医学、经济学、社会学、心理学、政治学等领域，科学家们陆续收集到与牛顿定律相悖的大量证据。牛顿定律在“解释简单的像机器一样工作的现象时，是强有力的”②，但它对自然界中的复杂现象，如生长、衰亡、宇宙的诞生、进化、气候预测、动物群体行为、智能的本质以及社会的经济、政治、文化行为，却束手无策。20 世纪中叶，越来越多的科学家认识到各个领域不同复杂现象的背后一定有着类似的机理，在新科学的基础上开展交叉学科的研究才能早日揭开复杂现象的谜团。1984 年，来自不同学科的数十位美国科学家在圣塔菲研究所开展了跨学科的合作，并将这一跨学科研究正式命名为“复杂科学”。他们取得了令人眼花缭乱的丰硕成果，包括混沌理论、系统生物学、进化经济学和网络理论等，奠定了圣塔菲研究所作为全球的复杂系统研究中心的地位。

复杂科学与牛顿科学存在两个本质区别。

第一个区别在于前者关注整体，而后者关注构成整体的小碎片。复杂科学认为细小碎片之间无穷无尽的相互作用，是诸如智能、进化、学习等复杂现象产生的源泉。这些复杂现象表明了一个与还原论截然不同的观点：“整体大于部分之和”。远古苏菲（Sufi）派有这么一段教义：“你认为你知道一，所以你

---

① 卡普拉：《物理学之“道”：近代物理学与东方神秘主义（第 4 版）》，中央编译出版社 2012 年版。

② 阿尔文·托夫勒：《第三次浪潮》，中信出版社 2006 年版。

一定知道二，因为一加一等于二。但是，你还必须知道‘加’。”如果说还原论研究的是“一”，那么复杂科学研究的则是“加”。

第二个分歧表现在因果观上。牛顿世界充斥着机械、线性的因果关系，人们可以准确地计算并预测未来。相反，复杂系统的世界充满混乱与无序，无数的单个个体之间相互作用、相互影响，并通过反馈回路不断迭代。复杂科学彻底颠覆了线性因果假设，因果关系不再是清晰可辨认的，未来也不再是可以预测的。

一、整体主义

进入20世纪后，主张分解一切的还原论的观点表现出了越来越大的局限性。尽管它使复杂的任务和问题变得简单，但是人们却付出了无形的代价。人们失去了对更大的整体的理解，而且，在线性思维指挥下采取的行动往往造成更严重、更长久的负面后果。量子物理学家大卫·博姆（David Bohm）打了一个比方，还原论的观点“就好比试图通过重新拼起来的碎镜子来观察真实的映像”①。

科学家们日益认识到还原论已经走进了死胡同，它那忽视现实世界复杂性的简化思维和对数学式抽象的沉迷令科学家们感到极度失望。把所有的东西拆分为分子、原子、核子和夸克，并不能帮助人们理解整体的行为或特征。整体的复杂性来自于无数碎片之间的无穷无尽的相互作用。

由数万个缺乏智能的蚂蚁构成的蚁群如何修建出令顶级建筑师都叹为观止的蚁巢，又是如何机智地适应环境变化的？由几十亿个神经细胞构成的人脑是如何产生感情、思想、目的和意识的？上千万亿之多的分子是怎样组合成一个具有繁殖、变异和进化能力的有生命物体？无法计数的简单粒子如何组合成像星球、银河、飓风、山川这样的复杂结构？研究独立蚂蚁的个体无法解释蚁群的智能行为；孤立地研究神经细胞无法揭示出大脑的奥秘；对生物分子的研究无法形成对细胞整体、更不用说对生物体的理解；观察构成水分子的原子，也无法了解水的所有性能。

在所有这些复杂现象的背后，隐藏着一个共同的规律：整体不是部分的简单加总，整体大于部分之和。1972年，物理学家菲利普·安德森（Philip An-

① 转引自彼得·圣吉：《第五项修炼：学习型组织的艺术与实践》，中信出版社2009年版。

derson）在《科学》（Science）上写道："任何事物的集合体，不论是原子还是人，都会呈现出单凭观察其组成成分而根本无法预测到的复杂行为。"[①] 大量简单的组成元素通过无数可能的方式相互作用产生了复杂，这样的现象被称为"涌现"（emergence）。换言之，复杂现象是从无数低级、简单的元素的相互作用中"涌现"出来的。以水为例，水在液态、固态和气态之间的转换是众多水分子的涌现形式。类似的例子层出不穷。来自海洋的水蒸气飘到陆地上空，与阳光和气流相互发生作用，可以形成雷暴雨——一种涌现的结构。数不清的DNA分子、蛋白分子和其他分子相互作用涌现出了生命。几十亿个稠密又相互关联的神经元相互作用涌现出了心智。"在所有这些情形中，一组组单个的动因在寻求相互适应与自我延续中或这样或那样地超越了自己，从而获得了生命、思想、目的这些作为单个的动因永远不可能具有的集成的特征。"[②]

来自物理学、天文学、生物学、神经学等自然科学领域的研究提供了大量支持"整体主义"观点的证据。还原论能够很好地解释自然界中的简单现象，例如质点的机械运动。但是，自然界中所有精妙的系统都是复杂和具有适应能力的，例如，一切生命系统，它们都遵循"整体大于部分之和"的原则。关于复杂科学的研究告诉我们，所有复杂系统都是由大量简单个体构成的分布式网络，不存在中央控制或领导者，大量个体的相互作用导致了复杂的、充满变化、难以预测的行为模式。也就是说，"涌现"产生于分布式网络。分布式网络是"涌现"的必要条件，"涌现"是分布式网络的必然表现。分布式网络组织是滋养"涌现"的绿洲，而金字塔式集权组织则是不毛之地。管理者梦寐以求的进化、学习、变革和创新都是典型的"涌现"行为，它们只可能生长在分布式网络组织中。

二、混沌因果观

牛顿经典力学奉行的多维线性因果关系假设，一旦遇到复杂系统就完全失效了。复杂行为的涌现是因为众多简单的个体用无数可能的方式在相互作用，意味着个体之间相互影响、互为因果。不仅如此，所有的复杂系统都具有开放性特征，它们与外部世界的上千上万个变量相互影响、相互适应、相互进化。

---

① 克莱·舍基：《未来是湿的》，中国人民大学出版社2009年版。

② 米歇尔·沃尔德罗普：《复杂：诞生于秩序与混沌边缘的科学》，生活·读书·新知三联书店1997年版。

因此，所有复杂系统——羊群、生命系统、智能、股票市场，具备的是极其混乱的递归式因果关系，无数变量之间互为因果，这使得人们无法以常规的多维线性数学模型去计算或预测未来。

以股票市场为例，影响股票价格变化的因素至少有上千个之多。在股票价格二维曲线轨迹的背后，活跃着难以置信地复杂多样的各种因素的混乱组合，它们相互纠结、相互影响、反复循环。这样的系统被数学家们称为“高维”系统，任何复杂系统都是一个高维系统。“仅仅一百个变量，就可以创造出一群数量巨大无比的可能性。因为每一个变量行为都和其他九十九个行为互相影响，所以如果不同时对这个相互作用的群体整体进行考察的话，你根本无法考察其中的任何一个参数。比如说，哪怕是一个简单的只有三个变量的气候模型，也会通过某种奇怪的回路连回到自己身上，从而哺育出某种混沌，让任何一种线性预测都成为不可能。”① 这解释了为什么科学家们无法对这些系统的未来做出预测。

全球股票市场曾经出现过两次难以解释的闪电暴跌现象。第一次发生在1987年10月19日，从香港股市开始的暴跌迅速传播到欧洲和美国，导致当天的道琼斯工业平均指数暴跌508点到1738.74点收盘。最近的一次发生在2010年5月6日，纽约股市道·琼斯工业指数在20多分钟内先暴跌约1000点，然后又迅速回升。很多评论将之归咎于股票交易的自动化程序应用。但是，电子交易并不是新鲜事，它早已成为股票交易的主流形式。谁能解释为什么股票偏偏在那两天的特定时间毫无征兆地暴跌？谁又能预测出下一次的暴跌发生在什么时候？

在线性世界中，因与果是清晰、线性、可以准确计算和预测的，不会出现任何的意外。但是，非线性世界里的情形则大不相同，一个极其遥远和微小的因素也会导致完全不同的结局。1963年，气象学家爱德华·洛伦兹（Edward Lorenz）在用计算机建立模拟气候变化的微分方程时，意外地发现输入的初始条件的极细微的差别，会引起模拟结果的巨大变化。他因而得出一个结论：天气是无法准确预测的。9年后，洛伦兹在美国科学发展学会第139次会议上用一个形象的比喻来描述他的研究结论，这便是著名的“蝴蝶效应”的由来——“在南半球巴西某地一只蝴蝶的翅膀的偶然扇动所引起的微小气流，几星期后

① 凯文·凯利：《失控》，中信出版社2010年版。

可能变成席卷北半球美国得克萨斯州的一场龙卷风”。

非线性世界里的这种现象被称为“混沌”。混沌系统对于微乎其微的初值变动和微扰十分敏感，极其微小的变化也会导致系统彻底偏离原来的演化方向。这意味着哪怕对初始位置和动量的测量有丝毫的不准确，也会导致对其的长期预测的巨大误差。换句话说，“最小的不确定性可以发展到令整个系统的前景完全不可预测”。[①] 这与线性系统的特性截然相反，例如即使天文学家在对行星位置的测量中存在较大误差，也还是能八九不离十地预测日食。而气象学家面临的问题要棘手得多：遥远地方一只蝴蝶翅膀的扇动朝左偏一毫米有可能改变整场雷暴雨的方向。

混沌是非线性系统普遍存在的现象，也是非线性动力系统的固有特性。混沌也是自然界中普遍存在的现象，科学家们在天气、湍流、电路、水滴、心脏紊乱以及各种复杂系统中都观察到了混沌现象。维纳曾经举了一个生动的例子描述混沌现象：“钉子缺，蹄铁卸；蹄铁卸，战马蹶；战马蹶，骑士绝；骑士绝，战事折；战事折，国家灭。”一匹战马的一个铁蹄丢失了一枚钉子这样微不足道的小事，在适当的条件下可能会逐级放大，最终居然导致国家灭亡的大灾难。

混沌现象的产生源于非线性系统中存在的网络状自反馈回路。各种变量相互影响，并通过反馈回路不断地迭代。经过长时间的循环往复，即使难以觉察的细微变化也会不断放大，最终导致系统沿着意想不到的方向发展。在非线性系统中，极其微小的变化会导致截然不同、难以预料的结局。假设做一个十分简单的实验，取两个极其相近的数值，差别只是在小数点之后的第 31 位。之后对这两个数值进行 100 次迭代，最后将发现两者的计算结果完全不同。在一个充满成千上万的变量或个体的非线性系统中，微小变化的持续迭代所能产生的影响，更是无法估量的。

混沌现象的发现彻底推翻了机械因果论的假设。世界上一切具有生命力和适应性的系统都不满足线性因果关系的假设。相反，它们都被裹罩在一张相互关联、相互影响、相互适应的非线性巨网之中，其中的因果关系极其复杂和混乱，根本无法梳理清楚。一个不起眼地方的小小变化可能会导致其他地方的震

---

① 米歇尔·沃尔德罗普：《复杂：诞生于秩序与混沌边缘的科学》，生活·读书·新知三联书店 1997 年版。

荡，而这一切都是漂亮的数学模型无法预测的。曾经被视为金科玉律的牛顿线性因果论和可预测世界假设，在混沌理论面前变得不堪一击。诺贝尔化学奖得主普里戈金（I. llyaPrigogine）总结说："因果论决定论的严格定律，今天在我们看来，只能当作有限的近似，它只能应用于高度理想化的情形，对变革的描述几乎是笨拙的模仿。复杂性的科学……使我们有了完全不同的看法。"

第二节 生命系统的运行机制

大自然中的生命系统展现了强大旺盛的生命力，即使环境发生恶劣的变化，它们仍然能顽强的生存下去。复杂科学家们用几个术语概括了它们的共同特征：适应性系统、自组织系统和分布式网络。它们都具有强大的适应能力，能够不断改变自己来适应环境变化；它们的行动都是自发行为，不存在一个中央的领导者或控制者；每个系统内部的所有成员采用分布式网络形式联接起来。

一、适应性系统

量子理论和复杂科学彻底粉碎了机械世界的美梦。真实的世界是混乱的，不断变化的，充满不测风云的。不管经历多么严峻的灾难——小行星碰撞、造山运动、火山爆发、洪水肆虐、强烈地震、气候骤变，每一次生命都能延续下来，并且更加繁荣。在这个过程中，生命体不断地进化以适应环境的变化，变得越来越复杂、越来越高级、越来越多姿多彩。

生命无疑是地球上最具适应能力的事物。在过去的数亿年里，我们生活的星球持续地发生着或剧烈或缓慢的变化，但是所有变化都追赶不上生命进化的步伐。6500万年前一颗小行星撞击地球，纵然导致恐龙的灭绝，但是生命不但没有终结，反而更加绽放异彩。

生命从不惧怕变化。尽管它无法预测未来，无法为未来做出准备，但是它具备顽强的适应能力，能够适应哪怕极端恶劣的变化。例如，行星撞地球却为

哺乳类的出现拉开了序幕。害虫的侵袭刺激植物演化出越来越坚硬的表层，并产生有毒的化学驱虫剂。更令人惊奇的是，猖狂的偷猎行为导致越来越多的公亚洲象在出生时就没有长牙。

生命永远以开放的姿态拥抱变化，而不是把变化视为头号敌人。变化是生活的一部分，环境的变化成就了生命体的进化。生命给予人们的启示是：妄想抵御变化的念头是荒谬可笑的，改变自己来适应变化才是正解的。已探明的化石资料显示，生命体随着环境变化的节拍而不断地改变自己。当环境变化相当缓慢时，生命进化的脚步也放慢下来；当环境剧烈变化，生命体进化的速度就会骤然加速。

任何一个具有适应能力的系统都处于永恒的变化之中。现实世界是不断变化和不可预测的，适应性系统只能不断地根据环境的变化而改变自己。系统科学家埃里克·詹奇（Erich Jantsch）说过，适应性系统是“永不停歇的组织结构，它在不断地进行自我更新”。“这就如同云的变化：云从雾中生，然后成形、消散。随着周围环境的变化，它会以雷雨、飓风或锋雨等形态出现。”[①] 云不会为了保持自己的形态而固执地拒绝改变，对它而言，稳定就等于死亡。

适应性系统从不试图寻找“最优解”，它们唯一关心的是如何采取行动。在非线性世界中，成千上万个因素之间相互关系、互为因果，哪怕一个微小的偶然因素都可能引发无法估测的结果。这意味着对寻找最优解而言，可能性的空间实在太大了，再说也不存在关于最优的清楚定义。最优解仅存在于线性世界中；在变化莫测的非线性世界里，最优是一个伪命题。凯文·凯利在《失控》中写道：“说一个系统是‘正确的’，听起来就像是官话、空话。人们评判一个系统，是根据其对意外情况的反应力以及应对措施的创造性。与其正确，不如灵活，不如耐久；所谓好死不如赖活着。”在持续的不可预测的变化面前，“最优解”和“正确解”将被“生存能力”和“适应性”所取代。

二、自组织

大自然中所有生命系统如活细胞、大脑、蜜蜂群，都不存在一个发号施令的领导者或控制者。它们依赖组成元素之间的无穷无尽的相互作用，产生自发性行动。这样的复杂系统被称为“自组织”。这样的例子不计其数，比如“基

---

① 玛格丽特·惠特利：《领导力与新科学》，中国人民大学出版社 2008 年版。

因在一个不断发展的胚胎中以一种方式将自己组合成肝脏细胞，又以另一种方式将自己组合成肌肉细胞；飞鸟顺应邻居的行为而无意识地将自己聚集成群；生物体经常相互适应而得以进化，从而将自己组合成为精巧协调的平衡系统；原子通过相互化合得以找到最小的能量状态，从而使自己形成被称之为分子的结构”。①

这些复杂的、具有自我组织性的系统都具有不可思议的适应能力。它们并不是被动地对所发生的一切做出反应，而是不断地改变自己以使变化朝对自己有利的方向发展。在没有人有意识地计划或控制的情况下，大脑不断地重组它的几十亿个神经以形成记忆、吸取经验或展开思考。蜂群会在巢穴毁损变化时，重新寻找合适住处并修筑新屋，所有的决策和行动都是集体做出的，这一切并没有一个幕后操手。各物种在不断变化的环境中为生存而不断进化，例如，长颈鹿的脖子越来越长，变色龙能够变幻出多种伪装色。

三、分布式网络

分布式网络的概念回答了一个困扰复杂科学家们很久的问题：在不存在中央控制的情况下，复杂系统中的大量成员如何自我组织成一个能够适应变化、不断进化和学习的整体？蜂群、大脑神经元网络、动物的食物链、免疫系统都是典型的自我组织、具有适应性的复杂系统例子。复杂系统表现出来的适应性无法从对任何个体的观察中找到答案，它是从整体中“涌现”出来的智能行为。也就是说，分布式网络也反映了“涌现”背后的机理。

复杂科学研究得出一个结论：这些自我组织的、具有适应性的复杂系统具有一个共同的特点，即所有成员以分布式网络的形式组织在一起。分布式网络里的每个成员都是自治的，系统里没有强制性的中心控制。它们“根据内部规则以及其所处的局部环境状况而各自做出反应”，这与人类社会中常见的金字塔形组织里每个成员都要服从来自中央的命令的情形完全不同。所有“自治成员之间彼此高度连接，但并非连到一个中央枢纽上。它们组成了一个对等网络”。“由于没有控制中心，人们就说这类系统的管理和中枢是去中心化分布在系统中的。”②

---

① 米歇尔·沃尔德罗普：《复杂：诞生于秩序与混沌边缘的科学》，生活·读书·新知三联书店1997年版。

② 凯文·凯利：《失控》，中信出版社2010年版。

宇宙中最不可思议的奇迹——生命、智能、进化，全部都源于大型分布式网络之中。分布式网络的组织方式是整体大于各部分之和的驱动力量。长期以来，人们一直以为强大的中央控制是组织大规模成员的唯一方式。例如，19世纪的科学家们认为人类的大脑像机器一样具有中央命令与指挥系统，每个信息都有严格的储存位置。但是近期的科学家却发现记忆散布在大脑中的许多部位，而不是储存在特定的神经元中。这表明大脑具有分布式网络结构，而非严格的层级结构。

分布式网络的主要优点包括可适应、可进化、弹性、无限性和新颖性。可适应指的是应对未曾出现的变化的能力。可进化则是系统为了适应环境而改变自己的能力。具有弹性意味着系统中的小故障不会影响系统的正常运行，就好像毫无征兆的局部停电和病毒攻击无法导致拥有1700万个计算机节点的互联网整体瘫痪一样。分布式网络系统不仅用于负反馈回路，也拥有正反馈回路，不会束缚于某一均衡状态，拥有永无止境的成长空间，类似于生命能够繁衍出更多的生命，信息能够创造出更多的信息。分布式网络允许众多个体自由发挥，蕴藏了无数新颖创意的可能性；同时，网络的非线性特征也促进了新颖性，原因是某个因素的细微差别很可能导致意想不到的结果。

另外，分布式网络也具有明显的缺陷，这些缺陷与牛顿时代最为推崇的特征完全相悖：低效率、不可控制、不可预测、无法解释。也就是说，分布式网络系统不受任何主体的控制与摆布。它们具有自主性，不遵循任何人给它们事先设定的蓝图行事，没有人能够预料它们将来的行动，就连它们自己也无法预知。它们不会试图寻找“最佳解决方案”，而是为自己保留开放的选择空间，让现实去做出判断。它们不求“最优”，只要能够生存下来就足够好，正所谓“不管白猫黑猫，能抓老鼠的就是好猫”。牛顿信徒们也许会指责分布式网络的巨大浪费和低效行为，因为冗余是它的主要特征之一。青蛙、乌龟、鱼类一次都生产不计其数的卵，但是只有很小一部分能够生存下来，这是一种极为浪费的繁衍方式。低效率正是生物体为适应性和弹性所付出的代价。类似地，没有人可以彻底摧毁互联网，原因也在于其浪费而且效率低下的多路由选择。

对分布式网络成本和收益的分析告诉我们，若要获得适应性和灵活性，那么必须放弃对效率、控制、秩序、稳定、平衡和可预知性的执迷。相反，如果追求牛顿世界中的整齐、清晰、控制、高效率和最优化，那么必然会丧失生机、活力、创意和新奇性。可控的系统必然是僵化的，具有适应性的系统必然是混乱的。凯文·凯利总结了一个有用的简单经验法则：“对于必须绝对控制的工作，仍然采用可靠的老式钟控系统；在需要终极适应性的地方，你所需要的是失控的群件。”完全可控的系统好比是“线性的、可预知的、具有因果关系属性的机械装置”，具有适应性的系统接近于“纵横交错、不可预测且具有模糊属性的生命系统”。

人类社会中的所有系统都处于层级结构和分布式网络的中间地带。工业时代的大型企业更接近层级结构的一端，互联网和新兴的互联网企业则是更接近网络模式的一端。完全可控的系统，或者完全脱离控制缰绳的人造系统，都不是人们最需要的。原因是前者不具备一丁点的适应性，任何巨大的变化都会导致它的灭亡；而后者尽管具备灵活性和适应性，但是无法保证较高的存活率。事实上，大自然中物种的淘汰率非常高，一场突如其来的灾难可能导致绝大部分的生物灭绝，只有少数能够成功适应的生物才能存活下来。生存是检验适应能力的唯一标准，无法适应的生物都将接受死亡的命运。大自然用死亡来保持生物的适应性。因此，对绝大多数人造系统而言，在控制与适应性之间寻找到一个平衡点是十分必要的，这意味着一个有部分钟控装置和部分分布式网络系统的混血儿。

四、秩序与无序的平衡：混沌的边缘

接受热力学第二定律教诲的 19 世纪物理学家们认为，世界上的一切事物都在走向腐朽、解体和衰败，就像铁会生锈、食物会腐烂、热水会降温一样。但是，生物学家却认为生命不但没有衰败的现象，反而不断地发展为更高级、更复杂的形态。为了解决相互矛盾的两种现象，物理学家伊尔亚·普里戈金（IIya Prigogine）专门对此进行了长期研究，提出了著名的“耗散结构”理论，并因此而获得了 1977 年的诺贝尔奖。普里戈金发现，一个非线性的开放系统内部的各个部分始终在进行着小规模的变化，有些变化会自生自灭，有些变化则会不断扩大。当变化大到超过临界点后，系统的原有平衡被破坏，原有的结构被瓦解，同时全新的更高级的结构将被建立起来。这种在开放的非线性系统里形成的全新有序结构被命名为“耗散结构”。

耗散结构理论描述了自组织系统为了适应环境变化，而放弃已有形态，重新建立新形态的过程。不平衡状态是自组织系统的固有特征，自组织系统永远处于不平衡状态中。不平衡是系统成长和进化的必要条件，平衡意味着死亡。

但是，如果自组织系统内部缺乏必要的稳定性，系统就会像一个随时可能引爆的炸弹一样，终将迅速灭亡。自组织系统需要长期在稳定和变化之中保持平衡。绝对的稳定和秩序不利于创新，过多的混乱和无序同样不利于创新。最理想的状态“就犹如一曲优美的爵士乐，不仅要有平稳的旋律，还要不时地爆发出激昂的音节”。“没有事物能既处于平衡态又处于失衡态。但事物可以处于持久的不均衡态——仿佛在永不停歇、永不衰落的边缘上冲浪。”①

自组织系统不断地变换寻找秩序和无序、稳定与变化、停滞与无政府状态的平衡点，这样才能保持自身稳定的延续，同时能够在必要的时候灵活的调整自己以适应环境变化。复杂科学家将这个流动的平衡点称为“混沌的边缘”，它是“一个系统中的各种因素从无真正静止在某一个状态中，但也没有动荡至解体的那个地方”，是“生命有足够的稳定性来支撑自己的存在，又有足够的创造性使自己名副其实为生命的那个地方”②。正如我们从大自然看到的，每个物种都会保持较长时间的稳定发展，但是又会在特定环境下突然发生巨大的演变。所有具有适应性的自组织系统都力图在混沌的边缘保持平衡，一方面要防止陷入过度秩序的危险；另一方面又要防止陷入过度混乱的危险中。这种平衡并不是静止的，而是不断变化的。自组织系统好比一个走钢丝的表演者，需要不断小心翼翼地调整，以使自己永远处于混沌的边缘地带。

第三节
本章小结

生物学、化学、神经科学、宇宙学、生态学、气候学、量子力学、复杂科学等自然科学领域的研究成果描绘了一个完全不同的非线性世界的图景：世界是混乱且无序的，但充满了生命力与活力。

新科学提供的证据推翻了基于牛顿理论的哲学观，整体主义和混沌因果观

---

① 凯文·凯利：《失控》，中信出版社 2010 年版。

② 米歇尔·沃尔德罗普：《复杂：诞生于秩序与混沌边缘的科学》，生活·读书·新知三联书店 1997 年版。

取代还原主义和机械因果观，登上了历史的舞台。复杂科学的研究表明，整体往往大于部分之和，无数低级、简单的元素的相互作用能够产生难以想象的复杂事物或现象。现实世界中的复杂系统，如羊群、生命系统、智能、股票市场，具备极其复杂的非线性因果关系，无数变量之间互为因果。在非线性世界里，因与果不再具备清晰的线性关系，也无法准确计算或预测。

大自然中的生命系统给予人们“天之道”的启示与灵感。它们展现出强大而旺盛的生命力，无论环境发生怎样剧烈的变化，它们仍然能够顽强地生存下去。复杂科学家们用几个术语概括了它们的共同特征：适应性系统、自组织系统和分布式网络。它们都具有强大的适应能力，能够不断改变自己来适应环境变化；它们的行动都是自发行为，不存在一个中央的领导者或控制者；每个系统内部的所有成员采用分布式网络形式联接起来。

第八章

构建持续变革的预算体系

第一节 新视角下的预算本质

在20世纪，人们现代世界观的支柱——西方科学的前沿领域，发生了重大的革命。来自量子理论、生命系统理论和复杂科学理论等新科学领域的响雷般轰鸣，强烈撼动了牛顿的机械世界观。新观点把世界看成一个充满变化、混乱、活力和新奇，像生物一样不断学习、进化和改变自己的系统，而非一台永远按部就班、稳定运转的机器。

大自然中自我组织的复杂系统所体现出的强大适应与生存能力，不禁让人们惊叹"天之道"的神奇与精妙。它们提供了一个灵活性和复杂性远超传统管理模式的参照体制，对改进组织的运转具有极大的借鉴与启发价值。生命系统的运行机制给我们三点启示：

其一，生命系统追求的终极目标是可持续生存。

其二，为了实现可持续生存这一目标，生命系统必须不断学习、进化和改变自己。

其三，生命系统的运行机制类似老子所言的"无为"之道，它促成生命系

统的灵机应变与持续进化，但从不“规定”或“控制”生命系统的具体行动。生命系统的行动是自发的，没有任何发号施令的指挥者在幕后精心设计或操纵。

如果把组织看成一个生命系统，我们可以得出这样的判断：

其一，组织追求的终极目标是可持续生存与发展。

其二，为了实现这一目标，组织必须具备持续变革的能力。

其三，组织理想的运行机制具有这一特点：它并不“规定”或“控制”组织的具体行动，却能促成组织的持续变革，以及可持续生存与发展目标的实现。

持续变革是组织正常运转中不可或缺的一部分，就像新陈代谢对生命体不可或缺一样。从组织变革的视角看，我们可以重新界定并理解预算的本质：预算不是用来具体指导并控制组织行为的手段或工具，而是保障组织实现预期目标（即组织的可持续生存发展）的机制。可以这么认为，预算是组织运转和可持续生存发展的基本形式，它反映了组织的使命、变革与发展的内在需求，是组织目标实现的基本保障。

从新的视角重新认识预算，人们将发现预算是组织持续进步和发展的引擎，预算本身也将随着人类认识水平的提高而不断完善改进。预算不仅永远不会消亡，而且未来将持续与时俱进，引领社会进步和时代发展的风潮。

第二节
新视角下的预算基本原理

牛顿时代的管理者们始终沉迷在一个可以牢牢操控企业和市场的幻象之中，把企业的运营当成船的航行，以为它能够根据预设的航线，按照预计的日程安排，准确无误地行驶在现实世界的海洋之中。面对接二连三出现的控制危机，管理者们苦苦地寻找着能够准确预测未来的“圣杯”——尖端、精致的预测工具和商业分析工具，祈祷它们有一天展现魔法。类似《征服不确定性》和《控制复杂》之类书名的书籍充斥着企业管理类图书的书架，折射出现代管理

的一个怪圈。学者、咨询师、软件提供商总是将管理者的抱怨，解释为预测和分析技术的不够完善，于是越来越复杂、越来越庞大的技术解决方案一个接一个地出现。但是，没有一个方案能够经得起实践的考验，将企业从管理的泥沼之中解脱出来。管理者抱怨的声音日益加剧，技术解决方案不断推陈出新，但问题依然照旧。

彼得·圣吉一针见血地指出，精密的预测和分析工具，以及战略规划技术，“通常都不能给企业带来管理的突破性进展”，原因是这些工具只能处理“细节复杂性”问题，无法处理“动态复杂性”问题①。前者具有结构化的特征和线性因果关系，是多维度线性模型可以大显身手的地方。而后者具备非结构化特征和复杂的非线性因果关系，多维度线性模型对此一筹莫展。前者符合牛顿世界的定义，而后者契合量子理论、混沌理论和生命系统理论所描述的世界。企业生存的现实世界更接近生命系统的一端，企业面临的大部分问题都具有动态复杂性，无论如何改进模型都无法解决。

在非线性世界中，错综复杂的变量以各种各样的方式相互作用、相互影响，并通过众多反馈回路不断循环迭代。某个因素的细微变化可能带来无法想象的后果，因此指望通过预测和计划来施加控制，就跟刻舟求剑一样荒唐可笑。彼得·德鲁克断言：“随着经济、社会以及政治领域的不确定性越来越多，绝大多数公司至今仍在沿用的那种规划——基于可能性基础上的预测——即使不是无法达成预期目标的，至少也被认为是徒劳无功的。”玛格丽特·惠特利对常见的“计划”困境有一段生动的描述：“即使计划做得再好，仍然会存在很多我们尚未发现的影响因素，不寻常的事情也会随处可见。尽管制定了周密的计划，我们还是要不断地处理预料之外的事情。本以为自己的所作所为对解决问题大有帮助，可是我们又会碰到更多的问题，而这些新问题都源于刚开始提出的解决办法。没有任何方法能避免这些麻烦的发生。我们无法通过万无一失的计划做到这一点，因为我们根本弄不清楚到底有哪些联系存在。”②

管理者对预测、计划和控制的迷恋源自于对变化的恐惧。在他们眼中，所有的变化都可能带来破坏性作用，威胁组织的稳定。但是，生命系统从来不把环境变化当成敌人，而是把变化当成进化、创新和进步的驱动力。它们深知，

---

① 彼得·圣吉：《第五项修炼：学习型组织的艺术与实践》，中信出版社 2009 年版。

② 玛格丽特·惠特利：《领导力与新科学》，中国人民大学出版社 2008 年版。

变化是生活的一部分，是世界上唯一永远不变的事实。它们总是坦然地接受变化，然后寻找适应的方法。组织应该向生命系统学习，不断地接受变化，拥抱变化，并调整自己以适应变化。变化本身是个中性词，如果忽视它或者处理不当，它将转变为威胁或破坏；如果善加利用，它将成为机遇的代名词。拒绝变化的组织等来的将是死神的召唤，只有拥抱和适应变化的组织才能长生不老。

生命系统理论告诉我们，生命系统之所以生生不息，奥秘在于它们不断地学习、适应、进化。生命从来都不是静止的，它们不断地根据环境变化改变自己。改变可能是微小的调整，也可能是重大的跳跃式重构，这一切都取决于实际的需要。一位科学家说过："生命的结构都是临时的，如果有必要，它们就会改变。"所有的生命系统都是"以临时性结构呈现出来的一系列过程"。这就如同云的变化，云根据阳光、气流、雨水的变化，不断地形成、消散，又或者转为雷雨、飓风或锋雨等形态。组织应该像生命系统一样，不拘泥于任何一种形态，而是根据环境变化重新组织成不同的形态，以便更好地适应当前状况。强大的适应能力是组织赖以长期生存的唯一方法。

受控制论熏陶的管理者们把控制视为尚方宝剑，固执地相信稳定和平衡才是唯一的理想状态。耗散结构理论却教导我们，波动与稳定、秩序与无序、控制与自治并不是相互对立的，而是相互促进、相互作用的。大自然中每个自组织系统的内部，都受到相互缠绕的两股强大力量——负反馈和正反馈的牵引，负反馈消灭波动，正反馈扩大波动。这两股力量之间的关系错综复杂、难以辨认，既能够保持系统的稳定，又能够在波动达到无法忽视的临界点时，引发原有系统的解体和一个更高级、更复杂的新结构的建立。一味地强调控制，将把组织变成一个僵化、迂腐、死气沉沉的城堡，环境的一点风吹草动就会使组织机器失灵。组织必须在控制与自治之间保持动态的平衡，自治是变化、学习、适应、创新的源泉，是组织用来应对环境变化的武器。正如玛格丽特·惠特利所说："组织管理中我们担心的大多数事情，如解体、混乱、纠纷等，都无须视为将给我们带来灾难的消极因素。相反，它们可以更有效地激发人们的创造性。"

在非线性世界里，计划永远赶不上变化，灵活机动地采取各种行动才是唯一奏效的策略。因此，自我组织的生命系统从不像人类组织那样热衷于耗费数月时间制订计划，更不会强迫自己按照一年前制定的计划机械行事。在变化莫测的现实环境中经营的企业会发现，自己面临的处境类似于一个博弈中的国际象棋棋手。Alexander Kotov 在《像大师一样思考》中写道："在国际象棋选手

的大脑中，没有任何一个战略概念会比构思一个计划这个概念影响更深……我试着以有计划的方式下棋，在开局之后立即做出一个计划，并用这个计划下到结局，但是不论我如何努力，如何深入地思考这个问题，我还是什么也得不到……当你遇到一个强大的创意十足的对手，他不仅用防御手段还用反击手段对付你时，根本不可能得出一个计划来。"

事实上，企业所生存的环境比国际象棋棋手要复杂百倍千倍。众多竞争对手的突然行动，来自互联网行业的新竞争对手，目不暇接的技术创新，动荡的经济环境、原材料市场和产品市场，监管政策的新变化等等，上千种相互作用、相互影响的因素都可能对企业产生无法预计的影响。组织不仅受环境变化影响，企业的任何行动也会影响环境。无数的企业和外部环境永久地处于共同进化的过程，它们之间动态地交叉影响和循环迭代，使得准确预测未来成为不可企及的幻想。组织管理理论家卡尔·韦克（Karl Weick）指出："行动应该先于计划，因为只有在采取行动之后，我们才能创造出环境。"在充满了无法言喻的、剪不断理还乱的复杂因果关系的非线性世界里，计划的规律节拍经常被现实击得粉碎。

对组织而言，重要的不是计划和预测，而是对正在发生的事物保持敏感并及时采取行动。杰克·韦尔奇曾经说过："预测远远没有行动重要。"亨利·明兹伯格也明确地指出，在突变环境下管理企业，最重要的不是"立即看到突变"，而是"尽早对突变有足够的认识，从而采取行动，要比其他人下手更早或者至少要做更好"。

行动的过程不应是一个严格遵循行动计划的过程，而应该是一个持续学习的过程。灵活机动地采取行动，并且根据行动的反馈信息对行动进行调整和改进，是极其重要的。能够长期生存的组织不一定都是最强大的，但它们一定都是学得最快、学得最好的组织。丰田公司的前任总裁张富士夫（Fujio cho）总结丰田的成功经验时，说道："我们最注重的是实际执行和采取行动……你会认识到开始时你的知识是很有限的，因此你必然会失败，失败了不要紧，只要汲取其中的经验教训并及时改正就可以了；在重新尝试时，你可能会犯另外一些错误或做错其他一些你不会的事情，但只要再做一次就可以了。因此，经过不断地改进提高，一个人就能够把实践能力和知识水平提高到一个更高的层次。"①

① 转引自伊丽莎白·哈斯·埃德莎姆：《德鲁克的最后忠告》，机械工业出版社 2012 年版。

组织也应该在采取行动方面保持开放的心态。正如冗余是自组织系统的基本特征之一，企业必须允许大量不同的新鲜尝试。没有人能在事前预测出新行动的效果，同时新鲜事物的成功概率都是很低的，因此企业必须维持一个很大的可能性空间，以期待其中的一小部分创意能够带来意想不到的成功。

一、自下而上的控制

世界上所有自我组织的、具有适应性的复杂系统，如大脑、昆虫群落、免疫系统、细胞和互联网，都建立在分布式网络的结构之上。分布式网络中没有中央控制，每位成员都是自治的，“根据内部规则以及其所处的局部环境状况而各自做出反应”。这种控制方法被称为自下而上的控制，区别于常见的自上而下的中央集权式控制。

在互联网出现之前，分布式网络结构在人类社会极为罕见，即便有个别零星地存在，其规模极小，难以引起人们的注意。正如唐·泰普斯科特所言："大部分人类历史上，财富的创造都依赖于这样或那样的等级制度，教堂、军队或政府所采用的也都是等级制度。等级制度的影响是那么普遍和持久，以至于大多数人认为除了等级制度，没有任何别的选择。"①

20 年前开始蔓延的互联网是今天世界上规模最大的分布式网络，同时，互联网也使得人们自由形成分布式网络组织第一次成为可能。互联网引发了数不胜数的新奇现象，松散的人群竟然能够生产出像维基百科、Linux 这样优秀的产品，能够生产出具有无限创意和巨大市场价值的文学、歌曲和视频作品。互联网展示了它在协调人群活动上的巨大潜力，从一次性的街头“快闪”，到短期项目性质的好莱坞动画片创造和 SARS 科研协作，再到垂直一体化企业的解体，虚拟企业、动态联盟和价值网络的广泛形成，以及采取自下而上管理模式的谷歌公司、戈尔公司和全食公司，互联网为分布式网络和自下而上控制的良好效果做出了明确的示范和证明。在最近的 10 年，组织结构和管理模式成为人们反思的焦点之一。互联网的出现剧烈地撼动了人们对层级结构、权威和控制的信仰，草根、屌丝、群众、自下而上、网络、分权、失控等互联网相关概念成为管理界最热门的话题。

---

① 唐·泰普斯科特、安东尼·威廉姆斯：《维基经济学：大规模协作如何改变一切》，中国青年出版社 2007 年版。

自然界和互联网的事实都证明了这一点：分布式网络结构是最有活力、最具适应性的组织形态。自上而下的中央集权体制都是僵化的、脆弱的、无法适应环境变化的。适应性首先要求企业快速反应和快速调整，在中央集权体制下，问题一级一级地层层上报，解决方案一级一级地层层下达，等到方案下达到一线员工手上时，要么机会早已被灵活的竞争对手抢占先机，要么当下的新环境使得方案早已过时。在中央集权体制下，信息在组织不同层级中传递时，信号会不断衰减、扭曲，到达目的地时往往面目全非。在封闭的总部里办公的高层既不了解一线的实际情况，也不具备具体业务的信息与知识，凭借主观臆断制定的决策往往不切实际。因此，一旦环境发生显著变化，中央集权体制就会因为无法适应而迅速衰亡。凯文·凯利以苏联计划经济为例，写道："苏联的崩溃并非因为中央集权体制扼杀了经济，而是因为所有由中央控制的复杂系统都僵化且不稳定。如果按中央集权控制的模式设计机构、公司、工厂、生物体、经济还有机器人，那它们都难以繁荣下去。"①

在分布式网络中，决策和行动都是由一线人员做出的。他们是组织中最了解顾客和市场的人，也是组织中对所负责业务最熟悉的人，他们制定的决策不但具有时效性，也更契合实际。一线人员能够对环境变化做出及时的反应，更重要的是，他们能够及时获得行动的反馈信息，并根据反馈来对行动做出调整。这个不断行动、反馈和调整的过程是一个持续学习的过程，也是培养适应能力的唯一途径。经济学家弗雷德里希·哈耶克（Friedrich Hayek）特别强调了隐性知识对于制定决策的重要作用。隐性知识是业务人员在实践中长期积累所形成的知识、经验和技能，它们难以言表、难以传递，但对决策和行动所能产生的价值难以估量。自下而上的决策方式能够有效地利用众多组织成员的隐性知识，"也就是说一个人越是近距离考察问题，就越有可能想到切实可行的解决方案"②。

自下而上的决策与管理方式将思考与行动、计划与执行无缝地结合起来。这样做不但能够提高决策的质量和速度，而且能够激发员工的积极性和主人翁意识。员工并不是机器，而是有血有肉有感情的人，情绪和心理状态对于他们完成工作的质量和效率会产生很大的影响。无数的心理实验研究表明，当人们

---

① 凯文·凯利：《失控》，中信出版社 2010 年版。

② 詹姆斯·索罗维基：《群体的智慧：如何做出最聪明的决策》，中信出版社 2010 年版。

拥有对自己工作的主动权时，他们会更加努力，更负责任，产生更多创意，因而能够极大地提高员工的工作效率和效果。

日本汽车公司之所以能够战胜财大气粗的美国汽车企业，奥秘就在于日本人将生产线中的所有决策和行动权力都交给了一线员工，具有主人翁姿态的员工持续地根据生产线中的各种情况及时做出调整和改进，使得生产过程成为一个持续学习的过程。相反，美国企业拥有更为先进、更自动化的厂房和设备，但是坚持使用僵化的、自上而下的管理方法。结果，当环境发生变化——大量价格低廉、耗油量低的日本汽车涌入美国市场时，底特律就陷入了万劫不复的深渊。

人工智能研究的发展历程也充分证明了自下而上体制的优势。人工智能专家在开发人工智能系统的早期阶段走了很多弯路，原因就在于早期的主流做法都是基于自上而下的结构。“由于这种自上而下的系统根本不可能把每一种情况都考虑到，所以这种系统总是一碰到复杂的情况就变得无所适从，总是表现得既僵硬又脆弱，常常会于踌躇犹豫之中戛然而止。”有学者嘲笑道：“那些头脑中心论的家伙们培育出的机器人，到现在都还没能复杂至可以‘崩溃’的程度。”① 直到人工智能研究的主流方向转移到自下而上的分布式网络结构后，计算机科学家们才培育出真正具有学习能力和智能的机器和软件。

二、集体智慧与集体决策

最近10年，人们对昆虫群、羊群、狼群和人类群体等生物群体表现出浓厚的研究兴趣。在这些组织中，决策不仅是由成员做出，而且是由众多成员群体做出的。一只昆虫的智商类似于白痴，但是当众多昆虫组合成一个群体时，它们展现出不可思议的智能，在寻找食物、搬家、筑巢、繁衍等方面展现出足够的机智与灵活。一个名为《谁想成为百万富翁》的娱乐节目显示了人类群体智慧的力量。这个节目允许选手在无法回答问题时采用现场观众给出的答案，即最多现场观众选择的答案。事实证明群众的选择在大多数情况下都是正确的，超出任何单个专家所能达到的水平。这些现象促使人们认真思考群体决策的价值，这意味着决策不仅应由了解业务的一线员工做出，而且决策过程还应充分利用众多员工的集体智慧。

---

① 凯文·凯利：《失控》，中信出版社2010年版。

《纽约客》杂志著名的专栏作家詹姆斯·索罗维基在2004年出版的《群体的智慧》一书中，以蜂群寻找新蜜源为例，揭示了集体智慧的奥秘。蜂群先派出一些工蜂在前方侦查，它们回来后各自以舞蹈来报告它们的侦查结果，舞蹈动作越夸张，说明蜜源越丰富。其他一些蜜蜂会根据侦查蜂的舞蹈动作，考察相应的候选地点，并在回来后以舞蹈群的方式对蜜源进行投票。加入舞蹈群的蜜蜂越多，跟风者也越多。舞蹈群越大，意味着得票越多，反对越少。最终，最大的蜂群将获得胜利。这个过程体现了彻底的分布式管理，结果出乎意料地高效。蜂群以较少的时间和精力投入，得到了尽可能多的食物。

索罗维基认为，蜂群的集体解决方案之所以如此完美，其中的一个关键在于观点的多样化。蜂群并不是首先考虑所有可能的替代方案，然后从中挑选一个方案。相反，蜂群向各个方向同时派出侦查员，并相信其中至少有一支队伍能发现好蜜源。索罗维基写道："部分原因在于个体的判断不那么准确，或者不那么始终如一，因此认知的多样化对于令人满意的决策而言是必要前提……多样化的积极影响体现在它扩大了群体的可能的解决方案的范围，并允许团体以新颖的方式将问题概念化。"

其实，彼得·德鲁克早在20世纪40年代就认识到多样化观点的重要性。1943年，德鲁克被邀请去通用汽车公司进行实地调查，他很快注意到时任CEO的阿尔弗雷德·斯隆在决策管理上的过人之处。斯隆主张团队决策，所有决策讨论都邀请尽可能多的相关高层和中层经理参加。更重要的是，斯隆经常担任"搅局者"的角色，以鼓励人们表达相互冲突的意见。这一经历对德鲁克的影响非常大，促成了他在决策制定问题上的基本观点：不要去统一意见，多样化的认知和看法是达成高质量决策的必要条件。

美国《连线》杂志的记者杰夫·豪在《众包》一书中指出，聚集和利用群体中所有成员拥有的独一无二的知识，尤其是隐性知识，是提高决策质量的关键。他引用了哈耶克在其1945年发表的《知识在社会中的运用》一文中的一段："社会的每个成员只能拥有全部知识中的一小部分，因此，对于社会上其余的大部分工作，人们都无从得知……文明之所以存在，是因为我们都能从不知道的知识中受益。文明可以帮助我们战胜个人知识的局限，方法之一是改变无知，但并不是通过掌握更多的知识，而是通过利用那些已经存在并将继续广泛分布在大众当中的知识。"豪认为群体决策的好处就在于，它可以汇集和利用所有成员的"隐性知识"（或称为"局部认知"），将组织内部的"所有知识汇聚到一个中央仓库”，这样有助于解决单个成员难以解决的棘手问题。

MATLAB 公司举办的软件竞赛提供了一个生动的例子。这个比赛有一条非常特别的规则，所有的代码都是公开的，所有参赛选手都可以随意借鉴其他选手的代码。最终的结果令人惊讶：“在竞赛快结束的时候，最好的代码比第一天的代码强 1000 倍。”一群优秀的程序员相互协作，取长补短，激荡脑力，结果比最优秀的程序员在独立环境下编写的程序要好千倍。这个例子有力地表明，在群体合作的环境下，好的想法会变得更好。

三、综合能力与直觉

牛顿时代的管理者把决策等同于计划，或者说，把决策以计划的形式提前确定下来。计划制定过程是一个分解化和规范化的过程，计划按照事业部、职能部门、组织层级等维度不断逐级分解，计划的步骤和时间安排也都有规范的流程。整个过程完美地契合了当时的人们对理性、科学、标准、最优化的理解。具有分解与规范化特征的决策过程也许符合大规模生产线的工作需求，但是根本无法满足适应、灵活、学习和创新的需求。世界上所有自我组织的、具有适应性的复杂系统从不事先制定一个层层分解的计划，也从不按任何规范的既定流程和日程安排行事。但是，它们展现了不可思议的适应、进化和学习能力，这些是无数组织梦寐以求却从未实现的梦想。

分解与规范是分析过程的典型特征。亨利·明兹伯格指出，分析的性质是“定义并保持分类”，而创新的性质则是“创造分类，或者重新安排既有的分类”。分析过程具有一个显著的局限性，即“不论将框框重新排列多少次，都不会解决现有框框存在的问题”；而创新“需要超越框框运作，才会形成新的远见和新的组合”。因此，创新不可能从分析过程中产生，也不会按照日程表的安排产生，“创新从未实现过制度化”①。

分解与规范化原则在管理中的应用，可以追溯到泰勒的科学管理。科学管理仅针对生产线上的工人，它通过细分的、规范的程序规定员工的行为，挤压出体力作业的最大潜力。对于铲煤、焊接等生产工作而言，工人的思考似乎是不必要的，至少是不重要的。泰勒从不期望任何来自工人的创新举动，他极力主张“应该将脑力劳动从车间完全清除”。科学管理的本义就是抑制工人的自

① 亨利·明茨伯格：《战略规划的兴衰》，中国市场出版社 2010 年版。

由发挥，而这正是分解与规范化的“长项”。

后继的管理者们以为，管理工作可以像生产工作一样被程序化，于是把分解与规范化原则从生产线推广到管理工作，结果导致了现代管理如今的困境：僵化、脆弱、缺乏适应性。程序化只适合简单、结构化、重复性的决策，例如订货，而对复杂、非结构化、一次性的决策，例如学习和创新，却一筹莫展。创新无法像铲煤一样程序化。

创新是一个复杂的、无法描述的非线性活动，是还原论无法占领的地带。人们无法将一系列步骤还原成一个有价值的创新活动。正如明兹伯格所说，创新是一个综合的过程，形成创新的关键“是综合而不是解构，是完整的图画而不是一个个单词”。综合的过程指的是大脑“将对现实的各种认知——不论是连续的图形还是离散的事实——融会贯通”，形成一个创意。这个综合过程只产生于具有创造力的头脑中。尽管科学家们尚不清楚综合能力从何而来，但是认知科学家认为综合过程发生在人脑的“右半球”，分析过程发生在人脑的“左半球”。创新是综合的产物，而非分析的结果。综合过程是一个整体性的过程，所有步骤不是逐个分析，而是一下子同时考虑的。世界顶尖冰球手韦恩·格雷茨基（Wayne Gretzky）有一句广为人知的话，他说：“我预先滑到我认为球会到的位置上。”显然，韦恩是凭借直觉，几乎一下子就做出了对冰球滑动方向的判断，而不是一板一眼地遵循一个包含预定若干步骤的决策程序。

在整个牛顿时代，科学和理性稳坐神坛，接受众人的朝拜。这种信仰引发了一种成见，即直觉是不稳定、不准确、不可靠的，理性与直觉两者之间势如水火，彼此对立。最近几十年来，人们开始重新反省对理性与直觉的认识，直觉的价值得到了越来越多的关注和承认。理性能够解决线性的、结构化的问题，却无法解决非线性、非结构化的问题，对后者人们只能仰赖直觉。创新行为所具备的特性——“动态性、不规则性、不连续性、摸着石头过河、侧重学习与综合的交互过程”，“都迫使管理人员必须求助于直觉”。创新的过程包括“最复杂、最细微的人类认知和社会过程，有些时候还包含潜意识的参与”，这个过程“必须有悟性、创新和综合”[①]。爱因斯坦曾说过：“我没有用理性思考完成任何发现。”他描述自己是这样发现相对论原理的：“他想象自己乘一束光

① 亨利·明茨伯格：《战略规划的兴衰》，中国市场出版社 2010 年版。

线在空中疾行。”[①] 华尔街金融巨鳄乔治·索罗斯也说过类似的话：“对我来说，赚钱没有什么道理可言，就是凭自己的直觉。”值得注意的是，直觉与理性并不相互排斥。大量研究表明，所有伟大的思想家和管理者都能够如行云流水般自然地协调运用理性和直觉。爱因斯坦就可以把自己杰出的直觉，转变为理性的命题和论证。所有优秀的管理者在实践中都成功地做到了这一点：“把大量的技艺、恰到好处的艺术和一定的科学运用结合起来。”[②] 换言之，优秀的管理实践都是直觉与理性的自如融合。

四、多样性与包容犯错

现代管理奉行“唯一的最优解”，或者“标准”的解决方案。它们的目的都是一个：要求组织上下以“最好”的方法去完成工作。这种做法对于提高生产效率是非常有效的，但对创新无疑是毁灭性的。自然界中的生命系统不会思考出一种最佳方法，然后按其行事。相反，它们总是会做出数以千计甚至更多的尝试，期待其中至少有一个能够奏效。梧桐树事先不知道哪颗种子能够飞到肥沃的土地上生根发芽，于是它把不计其数的种子洒向风中。每个物种的遗传过程都会发生各种各样的变异，它们从来不会繁衍出完全相同的后代。它们无法事先知道哪种变异更适合未来环境的变化，因此进行花样繁多的尝试。类似地，创新也遵循一个幂律分布规律，即1000个新奇的创意中，只有100个值得尝试，只有10个值得大力投资，最后只有1～2个能够获得巨大成功。风险投资公司深谙此道，它们每年阅读成千上万份商业计划书，与其中数百位创业者面谈，选择其中的十几家投资，期盼能有一两家成为未来的小米或腾讯。在非线性世界里，没有人能事先知道哪个创意能够获得巨大回报，而哪些不能。因此，如果公司希望自己具有强大的适应与创新能力，就必须保留充足的选择空间，而不是限定在一个选择中。对于创新而言，根本不存在一个“最优解”或“标准解”。生命系统从不追求“最优”，只要生存下来就足够好。类似地，创新也没有“最优”的标准，只要市场接受就足够好。每个创新项目不一定能够从一开始就获得市场的认可，但它们可以在与市场的互动中不断学习、不断进化，最终学得最快、学得最好的创新项目将获得胜利。

---

① 转引自彼得·圣吉：《第五项修炼：学习型组织的艺术与实践》，中信出版社2009年版。

② 亨利·明茨伯格：《管理进行时》，机械工业出版社2010年版。

绝大多数的管理者都极度地憎恨错误，害怕失败。一旦发生错误和失败，轻者会遭到斥责和警告，重者将遭受经济损失或降职。无论哪个层级的经理，一旦知道自己犯错，就会胆战心惊。为了避免犯错和失败，他们不敢越雷池一步，墨守成规，拒绝冒险。一个排斥错误的企业，永远停留在原来的框框里打转，直到环境的巨变终结了它们的生命。一个公司可以不犯任何错误，一个公司也可以具有高度的适应能力，但是一个公司无法同时做到两者。完美是创新的头号敌人。大自然从不排斥错误，相反，创新和犯错在大自然中比比皆是。进化机制本身就是"一种系统化的错误管理机制"①。所有的生物在繁衍后代时都会产生各种各样的变异，变异本身是一种错误，但它对于物种的长期生存和适应能力极为关键。类似地，所有的创新行为，归根结底都是一种试错行为。换言之，错误必然是创新过程中不可分割的一部分。加里·哈默指出："当然，'蠢上加蠢'的创意（在线销售咖啡）和'看似愚蠢的聪明'创意（在星巴克以 4 美元的价格销售焦糖玛奇朵咖啡）是不同的。麻烦的是，如果你采用工业时代有用的教条作为你的筛选标准，你是无法找到两者的分界线的。如果一个评估程序剔除所有无法满足狭隘的可行性标准的创意，那么，它会摧毁你公司的适应能力。正如著名的风险资本家史蒂夫·贾维森所言：'如果你的公司有时候确实是正确的，那么大部分时候错误也没有问题。'"

第三节
持续变革的预算体系

一、战略形成

预算的传统理论沿袭了战略计划学派的一个基本观点，即战略的制定是一个从上到下的正式程序。高层经理制定战略，并层层下达给各级部门，业务部门负责实施这些战略。预算系统是战略计划和实施的主要工具，将抽象的战略

① 凯文·凯利：《失控》，中信出版社 2010 年版。

细化为详细的计划和预算，并监控实际执行与战略计划之间的差异。这种集权模式的战略制定观隐含了几个假设："战略是对某种目的的刻意追求；战略是先制定后实施；战略的形成与实施是脱节的；制定战略是高层管理人员的事；战略相当于一个计划。"①

这些由关在象牙塔里的学者们构思出来的战略制定理论，经不起实践的推敲。敏感地从一位顾客的询问或者某位员工的建议中察觉到新的商机，着手建立全新的产品线，并大获成功的例子并不鲜见。例如，使日本丰田公司和奇虎公司大获成功的新战略都不是经过事前精心策划的。日本丰田公司在开拓美国摩托车市场时，最初的产品定位集中于大型摩托车（250cc 和 305cc），美国消费者对此并不买账。后来，销售人员在拜访销售者的过程中，发现很多消费者对他们驾驶的小型摩托车（50cc）很感兴趣。于是，公司转移了产品定位，成功地打开了美国市场。2005 年成立的奇虎公司原本将自己的战略定位为中文社区搜索门户，但是并没有取得令人满意的成绩。2006 年的中国互联网流氓软件泛滥，奇虎公司推出的反流氓软件工具获得了出人意料的反响，用户量激增。奇虎公司同时与卡巴斯基结成战略合作伙伴，为网民提供正版卡巴斯基的免费试用权。令奇虎公司没有料到的是，2008 年 7 月卡巴斯基单方面提出中止合作计划。为了兑现免费安全软件的使用承诺，奇虎公司被迫承担起 360 安全软件的全部开发工作。由于其高性能和免费的优势，360 安全卫士迅速占领了安全软件市场的半壁江山，并在一年时间内使得卡巴斯基的市场份额萎缩 60%。

上面的例子说明，很多成功的战略不是一个事先确定计划的产物，"相反，都是为抓住当地正在显现的机会而采取了某些行动的结果，而这些机会是公司在出台计划和制定战略时没有预见到的"。企业以兵来将挡、水来土掩、见招拆招的方式采取行动，如果这些行动取得了经过反复验证的成功，那么就可以将它们提炼成商业战略。亨利·明兹伯格把精心策划的战略称为"既定战略"，抓住瞬间机会而灵活生成的战略称为"应急战略"。应急战略完美地契合了组织灵活应变的需求，它具有几个特点：战略不是预定的计划，而是根据环境变化灵活应对的行动；新战略往往是自下而上产生的；战略的制定与实施紧密交织在一起；战略的生成是一个与环境不断交流、反馈和学习的过程。

在实践中，战略制定都是一个既定战略与应急战略并举的过程。"几乎没

---

① 罗伯特·西蒙斯：《控制》，机械工业出版社 2004 年版。

有纯粹思虑周全的战略，也几乎没有纯粹应急的战略。前者意味着没有学习，而后者则意味着没有控制。……有效的战略总是以反映现实情况的形式呈现出精心规划与应急的结合，既要能够预测未来，又要能够应对意外。"①

明兹伯格对多个企业的战略实践进行了长期的跟踪研究，得出了一个结论：战略通常会在相当长的期间内保持稳定，有些时候会长达数十年，然后突然发生重大变化。企业有时确实会在经营稳定的情况下构思开发全新的战略，但这是很少见的。"战略发生变化的原因通常是因为环境中已经发生了一些根本性的变化，而且是一下子发生的。"明兹伯格以肯定的口吻说道："战略上的重大变化都与突变有关"。"如果战略代表稳定性，那么战略形成就是对稳定的破坏。战略形成过程通常不是规律发生、不在意料之内的，是颠覆稳定模式的，因为不论突变源于外部环境的威胁还是管理思维找到的机会，通常都是不可预期的。"

战略的重大转变往往是在很紧迫的情况下产生的，尤其是当组织面临无法预料的环境变化时。而事后被证明成功的新战略往往不是由高层管理人员创造的，相反，很多都出自"草根"。在应急战略的形成过程中，战略的制定与实施经常由同一人完成。这是形成优秀战略的关键，原因是优秀战略的形成依赖大量无法言传的隐性知识，它们来自长期的经验和复杂而细微的认知过程，只有深入细节的人员才能掌握这些隐性知识。明兹伯格这么描述战略形成的过程："需要传统的技能、需要专注、需要精通细节。映入脑海的没有太多思考和理性，而是一种尽在掌握的亲切感与和谐感，这种感觉来自长期的经验与投入。战略的形成与实施融合成行云流水般的学习过程，从而则会涌现充满创意的战略。"

组织在形成应急战略的过程中，应大力鼓励来自全体员工的集体智慧的参与。在福特的汽车制造厂里，上级拥有比下级多得多的知识；但是，在一个知识型企业里，情况却大不相同。知识本身具有高度专业化的特点，而且专业化程度与日俱增。因而，知识型企业里的一线业务人员在自己业务范围内拥有比上级更多的技能、经验和知识，其中很大一部分是难以表达、难以转移的隐性知识。汇集分散的、多样化的认知、经验和观点，并鼓励各种看法不断碰撞以触发新的火花，这一过程反复迭代，往往会产生不可思议的魔力——集体获得远超所有个体简单相加的智慧总和，或者说，超级强大的智慧会从集体中"涌

① 亨利·明茨伯格：《战略规划的兴衰》，中国市场出版社 2010 年版。

现”出来。日本企业在全球的崛起，与日本企业充分依赖一线员工的智慧，并以集体为单位持续学习的管理实践息息相关。集体智慧的汇集和利用程度，对战略形成的质量与速度具有决定性意义。

战略制定与执行的统一，否定了战略和战术能够明确区分开的传统假设。传统观点认为战略是重要的大事，而战术是具体的细节。但是，在没有人能够事先确定市场未来变化的情况下，“只有细节最终才会是战略性的”。举例来说，一个苏宁门店的员工提出免费为手机贴膜的营销方式，这一举动为门店引来了潮涌般的人群，最后成为苏宁全面推广的促销手段。那么免费为手机贴膜的小措施究竟是短期战术性改变，还是长期战略性改变，是无法说清的问题。真实的状况是：“在短期运营压力下为直接目标所作的决策，不论是处理危机的决策还是抓住机会的决策，都可能有长期的和战略性的后果。同样，貌似重大的‘战略性’决策，有些时候可能会像一只漏了气的气球一样废掉。战略—战术区分的问题在于，直到尘埃落定之前，永远没人能够确定哪个是战略性的，哪个是战术性的。”①

一直以来，人们错误地认为传统战略计划的作用在于建立新战略。实际上，战略计划过程是对现有战略的具体化与细化，并非创造一个全新的战略。在时间顺序上，战略制定在前，战略计划在后。按照传统理论，战略计划是一个每年一度的过程，企业可以不紧不慢地按照既定的日程表编制计划，之后在高层的严密控制下付诸执行。战略计划承袭了现代管理体系的所有基本特征——解构化、规范化、集权和预定，因而注定是一个保守、僵化、按部就班、维持现状的过程。即使有所调整，也不过是对现有活动的渐进式调整，而不会允许颠覆式的创新活动。战略计划过程不会孕育出全新战略、想法，它会阻挠创意和新战略的发展，严重削弱组织的适应能力。

明兹伯格明确区分了两个概念，即战略计划和战略形成。他指出，前者是对既定战略的详细阐述，后者才是真正产生新战略的过程。在无法预测的动态性环境面前，战略不可避免地在相当大程度上具有意外的性质。这并不是说精心且周密的事前构思不重要，而是说即使再周密的计划也不足以应付未来可能发生的各种情况。全新的战略往往是在与环境的持续互动中经过反复试错和不断改进而形成的。可见，战略形成的过程与周遭环境的变化有着唇齿相依的关

---

① 亨利·明茨伯格：《战略规划的兴衰》，中国市场出版社 2010 年版。

系。“战略形成的过程从根本上看是个动态的过程，与推动战略形成的环境的动态性相对应。”同时，在战略形成的过程中，企业持续试错的行动又会不断地改变着环境。战略形成过程其实也是企业和环境共同进化、共同适应的过程。

战略形成通常是企业对环境突变的反应，而这正是战略计划最不擅长处理的事情。战略计划的目的“不是为了建立战略，而是规划已有的战略，也就是正式地、详细地阐述并应对现有战略产生的结果”。战略计划是为既定战略编制计划和日程表的一种程序。它不会给公司带来理想战略，但是它可以使公司把现有的理想战略“说清楚、合理化、细致化”，例如需要多少资金、雇用多少员工、购买多少设备、准备多少预算、需要多少个店面、以何种进度等等。“所以，战略不是规划的结果，相反，它是规划的起点。规划有助于将理想战略转化成现实战略，它迈出了有效实施战略的第一步。”简言之，战略计划不是制定战略，而是实施战略过程的一部分。从时间顺序来看，制定战略在前，实施战略在后。只有在具备可行战略之后，战略计划程序才有意义。可行的战略可以是使用多年并仍然行之有效的已有战略，也可能是“在完成必要的战略学习并且以适当的方式凝聚战略思考之后”形成的全新战略。无论如何，只有当组织真正需要把战略说清楚时，即需要把战略转换成细化的、具体的、常规的操作时，战略计划程序才有价值。

现实世界中的战略制定行为通常处于战略计划和战略形成两个端点之间的地带。当环境是可以预测的（即环境是稳定的或者可以控制的），组织会更倾向于战略计划模型，即先有明确的战略，而后付诸实施。但是当环境变化莫测时，组织必须采用应急战略的模式。应急战略通常不是精心策划的结果，而是快速产生多个行动方案，而后在实战中反复试错、不断学习，经过百般锤炼而最终证明可行的全新战略。这时，战略制定和战略实施之间的藩篱消失不见了，变得你中有我我中有你，紧密交织无法分离。应急战略的种子往往萌芽于组织的“草根”阶层，他们既是战略的执行者，也是战略的制定者。同时，战略在一开始都是不清晰的、不明确的、前途未卜的，战略在实施的过程中不断学习、改进、完善，直到最终凝结成明确且清晰的战略方案。在这里，战略不是“事前想好的控制行为的意图”，正如我们在战略计划模式中所看到的，而是“事后推断出来的行为模式”。①

① Mintzberg, H.: “Crafting Strategy”, Harvard Business Review 1987 vol. 65 (4), p66 – 75.

二、预测

现代管理把准确预测当成控制的一个关键环节，原因是控制以计划为基础，而计划又依赖于准确的预测。当环境比较稳定时，人们能够得到较为准确的预测。但是，当环境出现突然的、非规律性的变化时，准确预测只是一个遥不可及的幻想。预测基于历史状态或重复发生的模式来推测未来，因而无法推断出从未发生过的事件或从未出现过的模式。

预测的广泛使用始于20世纪50年代，并在60年代达到高潮，这与同时期环境相当稳定的事实绝对不仅仅是一个巧合。到了70年代中期，环境出现了明显的变化——管制的放松和日本竞争对手的大举进入，使得预测和计划一蹶不振。自此之后，有关环境剧烈变化的表述不时被人们挂在嘴边。管理者寄希望于更复杂、更精密的预测和分析工具，以提高预测的准确性。但彼得·圣吉一针见血地指出，精密的预测和分析工具，以及战略计划技术，“通常都不能给企业带来管理的突破性进展”，因为这些工具只能处理“细节复杂性”问题，无法处理“动态复杂性”问题①。

现实世界是一个由成千上万种乃至更多因素以无法说明的方式相互影响、相互作用的非线性世界，各种因素之间的关系纷繁复杂、互为因果，而且不断变化。在这样的世界里，一个因素的微小变化可能导致局面发生出乎意料的巨大改变。整体而言，现实世界是无法准确预测的。在个别的时间段内（例如，20世纪60年代）或者特定的小范围内（例如，一些受专利保护的企业或者垄断性企业），商业环境可能会暂时维持相对稳定的状态。但是，在大部分时间里，对大多数行业而言，商业环境总是处于变化莫测的状态。也就是说，在大多数情况下，预测都是不准确的。例如，巴菲特对股价预测嗤之以鼻，他说过：“股票预测专家唯一的价值，就是让算命先生看起来还不错。”如果预测结果与实际的偏差对企业有利（例如销售增长高于预期），预测即使不准确，对企业的影响也不是太大。但是，如果预测结果与实际的偏差对企业不利，不准确的预测很可能会给企业带来灾难性后果。

无法准确预测未来，是否意味着预测和计划毫无意义呢？答案是否定的。每一个复杂的适应性系统，无论是细菌、基因，还是人脑，都会预测未来，并

---

① 彼得·圣吉：《第五项修炼：学习型组织的艺术与实践》，中信出版社2009年版。

以此决定下一步将采取何种行动。每个适应性系统都会建立基于自己对外部世界认识的假设模型，这个模型会随着经验的增长不断学习、改进和完善。麦克阿瑟研究奖获得者暨遗传算法之父——约翰·荷兰德（John H. Holland）指出，预测和反馈是适应性系统之所以具备适应能力的关键[①]。顶尖的冰球手会预先滑到冰球将要到达的位置，象棋高手也会把棋子放在他认为更为有利的地方。预测未来能够帮助自适应系统抓住机会或避免坠入陷阱，一个有所准备的系统肯定比一个没有任何准备的系统更具优势。通过预测未来，自适应系统能够预先适应未来，以便更好地掌握自己的命运。

与通常的看法相反，预测并不需要"看得更远"，短视的预测往往是最佳的选择。原因是在非线性世界里，一个因素的微小差异（由不完全的信息所引起）经过反复迭代，持续到遥远的未来时，将会被放大成极为严重的误差。即便系统能够拥有无限大的计算能力，可以计算出各种可能的未来结果，要处理这些铺天盖地的各种可能的值也是非常恐怖的任务，而且根本不值得。一些计算机科学家们曾经致力于开发国际象棋比赛的计算机程序，反复尝试的结果发现，无论是最优秀的"深蓝"程序还是人类的象棋大师，他们都不需要看得太远就能下出好棋。"一般来说，这些大师会首先纵览盘面的局势，只对各个棋子下一步的走法做一个预测。接下来，他们会挑选出最可能的一种或两种走法，更深入地去考虑这些走法的后果。尽管每多向前推演一步，可能的走法就会以指数的数量级爆炸性地增长，但是在每一个回合，那些伟大的人类大师却只会把注意力集中在有限的几个最有可能的应对着法上。"[②]

企业经营与国际象棋博弈有相似之处。未来是无法预测的，而自己拥有的信息又极其有限，企业必须在这样黑暗的状况下求得生存。从国际象棋得出的经验法则，可以为人们指点迷津，对企业经营和管理有着很重要的借鉴意义。与其耗费几个月的时间去编制一份很快就完全过时的1～3年期的环境预测，不如采用"有正面意义的短视"。也就是说，"先设计出一些一般的指导原则来应对那些看起来一定会在'下一步'发生的事情，等那些极端事例真的发生的时候再来应付"。象棋大师总是"在对局势的前瞻和切实通盘关注当前的状况之间取得平衡"，企业也应如此。尽管也会进行一些精心的策划，但是要尽量

---

① 米歇尔·沃尔德罗普：《复杂：诞生于秩序与混沌边缘的科学》，生活·读书·新知三联书店1997年版。

② 凯文·凯利：《失控》，中信出版社2010年版。

忍着不要想太远，并且要不断根据现实情况和反馈来调整自己的行动。短视预测、现实反馈和行动调整，三者不断地循环反复，形成一个持续的学习过程，这就是自适应系统与环境做游戏所使用的实用又有效的规则。

三、计划

计划在本质上是一种程序。20 世纪 60 年代之前，人们一般把计划和决策结合起来。具体来说，计划“是一项管理活动，它将决策转化成具体的行动模式以便实施”①。到了 60 年代，随着战略管理学派的兴起，决策被划分为战略和战术两个层次②，计划也同样如此。计划不是战略，但它能够帮助管理者把现有的战略明确、清晰地表达和阐述出来，使得战略具有可操作性。计划使所有隐含的假设都浮出水面，考虑可能的重大障碍，确保一切都在考虑范围内，揭示并消除所有前后不一致或不连贯的节点③。当战略计划已经成型时，人们就可以着手将战略分解为事业部、职能、业务等多个层面的子战略，然后编制相应的行动计划、资金计划和资源分配计划。

明兹伯格一再强调，传统的战略计划过程并不是普遍适用的“最佳方法”，相反，它只适用于少数环境。只有当组织同时满足两个条件时，战略计划才是恰当的做法。第一个条件是：组织的战略已经确定（例如，决定扩大销售网络），同时组织需要把战略说清楚（例如，组织需要知道增加多少销售点，需要多少资金，时间安排如何）。第二，组织应具备以下特征：稳定的外部环境、成熟的行业、资金密集型、大规模、高度结构化的组织、紧密融合的经营、操作简易、外部控制④。这些特征勾画出了典型的机械化组织，它正是工业时代的标准组织模式。如果企业现状并不符合以上两个条件，例如环境动荡导致企业无法事先确定合适的战略，盲目使用战略计划程序对组织有百害而无一利，因为它会剥夺企业的适应能力。

在充满不确定性的环境下，一年一度的计划往往刚打印出来就已经过时。

---

① Ansoff, H. I., & Brandenburg, R. C.: “A Program of Research in Business Planning”,《Management Science》1967vol. 6, p219～239.

② 有些教科书划分为战略、战术和运营三个层次，把战术视为中层，运营视为低层。本书为了说明方便，采用战略与战术的划分方法，意即将战略与具体行动区分开来。

③ 亨利·明茨伯格：《战略规划的兴衰》，中国市场出版社 2010 年版。

④ 亨利·明茨伯格：《战略规划的兴衰》，中国市场出版社 2010 年版。

以互联网企业为例，互联网行业门槛极低，群雄争霸，每天都有新模式、新产品和新玩家不断加入混战之中。每个竞争对手都虎视眈眈，各显神通，各出奇招。没有人能预知下个月将会出现怎样的变化，更不要说明年的市场局面。因此，对于互联网企业而言，计划的“年度”仪式不是助力器，而是沉重的枷锁。正如彼得·德鲁克所说：“随着经济、社会以及政治领域的不确定性越来越多，绝大多数公司至今仍在沿用的那种规划——基于可能性基础上的预测——即使不是无法达成预期目标的，至少也被认为是徒劳无功的。”

在变化莫测的环境下经营企业，重要的不是计划和预测，而是随机应变，即根据环境变化及时采取行动。没有人有能力预测到市场对新事物的反应，也无法预测经济环境、原材料市场、资本市场、监管政策的未来变动，更无法预测到竞争对手会采取哪些出其不意的招数。通常，就连办公场地租赁无法正常续约，或者竞争对手挖墙脚（例如，高薪聘请本公司高层、中层经理或骨干员工）这些不在传统战略分析模型中的琐碎因素，都会给企业带来不小的麻烦。因此，没有人（包括计算机）能够考虑到可能出现的所有情况并制订相应的计划，而且这么做在成本和时间上既不现实，也不值得。自我组织的适应性系统教给我们一个适应环境变化的实用法则：快速行动、快速反馈，然后不断地快速改进、快速反馈。亨利·明兹伯格曾写道，在突变环境下管理企业，重要的是“尽早对突变有足够的认识，从而采取行动，要比其他人下手更早或者至少要做更好”。杰克·韦尔奇以他多年担任通用电气 CEO 的经验，告诫管理者们：“预测远远没有行动重要。”

行动的过程不是一个严格遵循行动计划的过程，而是一个持续学习的过程。灵活机动地采取行动，并且根据行动的反馈信息对行动进行调整和改进，是极其重要的。能够长期生存的组织不一定都是最强大的，但它们一定都是学得最快、学得最好的组织。丰田公司的前任总裁张富士夫（Fujio cho）总结丰田的成功经验时，说道：“我们最注重的是实际执行和采取行动……你会认识到开始时你的知识是很有限的，因此你必然会失败，失败了不要紧，只要汲取其中的经验教训并及时改正就可以了；在重新尝试时，你可能会犯另外一经过不断的改进提高，或者不妨说是通过在实践行动中改进提高，一个人就能够把实践能力和知识水平提高到一个更高的层次。”①

① 转引自伊丽莎白·哈斯·埃德莎姆：《德鲁克的最后忠告》，机械工业出版社 2012 年版。

在企业为适应环境而不断改变自己的过程中，战略与运营之间的界限消失了。教科书通常将决策清晰地划分为战略和战术两个层次，但在实践中，要想区分两者往往不是那么容易的。当面临环境变化的压力时，企业采取的短期决策有可能演化为企业的长期战略。如明兹伯格所言："直到尘埃落定之前，永远没人能够确定哪个是战略性的，哪个是战术性的。"① 例如，当麦当劳为了更好地利用门店设施而首次推出烟肉蛋汉堡早餐时，这一行动既是战术性的尝试，也具有战略性的影响——它的成功促成了麦当劳开拓早餐市场的战略。

在组织适应环境变化的过程中，计划没有行动重要，但这并不意味计划毫无用处。计划仍然是有必要的，每个行动者在行动前都应认真思考，设计未来行动的计划，否则行动将充满混乱、毫无章法。但是，这里的行动计划与传统计划有很大的不同。首先，行动计划是短期的，可能只是一个季度或者一个月的，而不是为一年或更长期的运营制订详细的长期计划。而且，这些计划也不是提前 12 至 18 个月就开始编制的，而是根据目前的环境，为"下一步"的行动做出安排。在适应性过程中，企业不需要一下子看得太远，而应该持续跟踪环境的反馈与变化，不断地做出调整和改进。第二个不同之处在于，计划不是一个事先制订好后就不能更改的航线图，不是员工必须一板一眼严格执行的标准范本。相反，计划的意义在于凝结组织的思考，为企业的行动提供一些方向。但是，计划必须接受环境的检验，计划也必须根据不断变化的环境，灵活机动地不断进行调整。换言之，组织需要"一个可以随时更新调整方案和进度的动态型业务计划，而不是一成不变的静态型计划"②。最后一点，计划的制订者与执行者由同一人担任，而不是分别由位于企业两端的高层管理人员和一线员工完成。行动与计划必须由同一人担任，原因是行动者掌握具体业务的"隐性知识"，这是制定理想决策所必需而其他人又不具备的知识。德鲁克在阐述结合计划与行动的必要性时，写道："如果一个系统不能够对运用或忍受该系统的人的知识、经验、资源和想象力进行挖掘和利用的话，那么这个系统也不可能是有效的。"不仅如此，一线员工是组织内部第一个感受到环境中的风吹草动的人员，因而能够快速做出反应，采取行动，并不断根据环境反馈而持续改进。快速反应的能力是企业得以在变化莫测的环境下生存的关键。

---

① 亨利·明茨伯格：《战略规划的兴衰》，中国市场出版社 2010 年版。

② 伊丽莎白·哈斯·埃德莎姆：《德鲁克的最后忠告》，机械工业出版社 2012 年版。

四、资源分配

为机械型组织效力的现代管理体系擅长于为既定战略或常规活动安排资源，但是在为新创意分配资源方面却显得非常迟钝和拙劣。机械型组织片面地追求效率和秩序，过度地倚赖计划和控制，压制创意的产生。少量创意即便能够从组织的某个角落冒出头来，也无法争取到所需资源，所以难以逃脱夭折的命运。企业资源总是分配给稳定盈利的旧项目，这些旧项目获得的资源逐年增加，而新项目却很难申请到资源。此外，对财务数字的过度重视，导致管理经常沦落为财务管理的数字游戏。公司的战略和行动不是由对企业未来有利的创意决定，而是由外部投资者对财务数字的期望所摆布，财务战略“超越了所有其他战略，成为企业资源分配的终极仲裁人”。因此，传统企业不是培养创意的温床，而是扼杀创意的不毛之地。

例如，作为昔日世界上最大的感光材料及照相器材制造公司，柯达公司固执地坚守以传统胶片摄影业务为核心的策略。尽管它是最早发明数字成像技术的公司，但它对数字成像业务却极为排斥。直到2004年，传统胶片在数码照相的大举进攻面前已经不堪一击，柯达公司才下定决心向数码业务转型。可惜为时太晚，柯达公司早就错过了转型的大好机会。受传统支柱业务的丰厚遗产所累，曾经风光的明星企业成为步履维艰的花甲巨兽。类似的例子比比皆是，不胜枚举。

在具有适应能力的组织中，新的想法可能来自任何一个不起眼的角落，或者意外的时刻。企业必须为创意提供实现想法所需的自由和资源，否则再好的创意都会无疾而终。巧妇难为无米之炊，创新离不开配置充足的资源。“就如德鲁克所说的‘最好的计划仅仅是一个良好的意愿而已’，除非给其配置所需的、合适的资源并付诸切实有效的行动。”①

冗余是生命系统的基本特征之一，很多动植物都会一次产下大量的后代，而且遗传的过程中伴随着各种可能的变异。类似地，企业必须接受创新过程中的“浪费”现象，才有可能成为一个具有适应能力的企业。创新遵循一个幂律分布规律，即1000个新奇的创意中，只有100个值得尝试，只有10个值得大力投资，最后只有1～2个能够获得巨大成功。很多创意听起来都是不切实际

① 伊丽莎白·哈斯·埃德莎姆：《德鲁克的最后忠告》，机械工业出版社2012年版。

的，如果管理者一下子将它们打入“冷宫”，企业的未来将面临严峻的危机。德鲁克对管理者们提出了善意的忠告，“不论创意是多么幼稚粗糙，都需要对其进行充分激励”。

这并不是说，所有的创意都必须得到企业的支持和相应的资源。不加辨别地支持一切新想法在成本上是不现实的，而且也不值得。有些创意注定是不会有好结果的，有些创意或许在遥远的未来可行，但是在未来数年内不具备成功的条件。因此，组织仍然有必要进行筛选，但同时又要避免过早做出武断的判断。明兹伯格写道：“一旦发现有破坏性的杂草，最好立即根除。但如果是貌似能够开花结果的杂草，则值得进一步观察，实际上有时甚至还值得为它建一座温室。……从效果上看，高管阶层鼓励那些看起来比较有潜力的创意，对于看起来没有潜力则不予支持。但是，千万不要对不入眼的创意过早下手：有些时候，最好是假装没有看到某个模式正在形成，留给它更多的时间和空间去施展。同样，有些时候为了容纳新的模式，还有必要将上面的保护伞转转位置或者放大。换句话说，要让组织适应创新，而不是让创新适应组织。”①

明兹伯格把筛选点子的责任全部交给高管，但是近些年的研究却表明，高管决策并不是最佳的方式，汇聚并利用组织的集体智慧往往能够产生更好的决策②。市场机制是一个能够有效利用集体智慧的决策机制，这已经经过了无数事实的检验。自 20 世纪 90 年代末起，人们已经建立了多种多样的在线预测市场，涉及从国会选举、奥斯卡奖提名、未上映电影的票房收入、新闻期货和体育博彩，很多市场都展现出了不可思议的高超预测能力。一些公司已经开始尝试将市场机制引入企业决策，惠普公司进行了一次预测打印机销量的市场试验，礼来公司（Eli. Lilly）进行了一个辨别候选药物能否通过临床检测的市场检验，结果都取得了令人满意的预测成绩。

在公司内部建立一个开放式创新市场，利用市场规则来配置资源是提高公司创新效率的有效途径。市场机制能够孵化并评估大量候选创意，众多员工通过投票对新项目“定价”，这样能够避免创意被保守的高管扼杀在摇篮里。新项目和员工之间也能通过市场机制进行匹配，更有前景的项目将获得更优的人才和更多的时间投入。因此，市场机制能够在候选项目排序和分配合适资源方

① 亨利·明茨伯格：《战略规划的兴衰》，中国市场出版社 2010 年版。

② 《群体的智慧》一书以丰富的案例表明，在具备多样化、独立性和协调机制的条件下，集体智慧能够产生优于单独的任何个体所能达到的高水平决策。

面，比依赖高管判断做得更好。市场机制鼓励竞争，既可以激励员工开动脑筋想出更好的创意，也可以使得优质资源得到高效地利用。市场机制鼓励员工之间充分交流，促使新项目不断在各种新鲜想法的激荡和碰撞下，不断改进和完善。

加里·哈默提议，企业应该向硅谷的风险投资家学习，创造一个让新项目相互竞争资源的机制。他写道："为了获得资金，创新者必须准备充分的计划书，并通过由同事组成的评审团的评审。假设创新符合基本的逻辑和可行性检验，创新者可以自由地到公司的'投资团'去拉取资金。创意会被张贴到内部网站上，同时还要有'发展步骤'视频。另外，每个月公司都可以召开'选美比赛'，让内部创业家向潜在金融家陈述他们的创意。创新者可以用他们争取到的资金，为自己从现在的工作任务中赎身，也可以聘用公司任何员工接受短期的任务。成功项目所节约的成本或收益的一部分会重新作为投资者预算基金，以便用于支持其他的新项目。这样支持成功项目的投资者可以在以后有更多的投资。投资者也可以选择相互联合形成一个财团以投资更大的或者更有风险的项目。另外，如果项目实现了它的初始目标，创新者可以要求新一轮的资助。在这样一个系统中，没有短视的执行者，没有担忧资源调拨的管理者，没有保守的老板能埋没好点子。"哈默还建议企业拿出2%的预算，建立一个公司范围内的投资者网络，允许员工把可供自由支配的资金（或员工时间）投入到他感兴趣的任何创意。

传统组织在分配资源时憎恨浪费，坚决要求杜绝一切浪费；但是，持续变革的组织必须容忍"浪费"现象。浪费与创新，或者说效率与适应性，两者不可得兼。若要得到最大的效率，企业就会失去适应能力；若要获得适应能力，就必须放弃部分效率。加里·哈默指出："尽量减少库存、压缩流动资金、削减企业一般管理费无可非议。然而，问题是，如果你把公司中所有的'懒散'都排挤出去了，创新也会被排挤出公司。创新需要时间——做梦的时间、思考的时间、学习的时间、创造的时间、试验的时间。创新需要不受干扰的时间，需要你有时间站起来走走，凝望天空。"① 如果员工的上班时间都被占用得满满的——接二连三的会议、大量的电子邮件、无数的琐碎事务，员工就失去了思考的空档。不论员工多么富有创造力，如果公司不采用制度性措施保障他们拥

① 加里·哈默、比尔·布林：《管理大未来》，中信出版社2008年版。

有脱离岗位并从事自由选择的任务的时间，员工的创造力就会长期处于“冷冻”状态。作为世界上最富有创造力的公司之一，谷歌公司自成立之初就鼓励所有工程师将20%的工作时间花在自己感兴趣的项目上[①]，谷歌的很多重要成就都是得益于此，例如AdSense、Gmail、Google Transit、Google News和Google Talk等项目。

五、控制

适应能力只能成长于包容失败和错误的土壤中，严格的控制必将扼杀适应能力。组织必须允许必要的“失控”，在控制与失控之间达成理想的平衡，使企业既能保持生机和活力，又不至于陷入混乱和无序。组织还应兼备正反馈控制与负反馈控制，并利用市场控制与团队控制机制，以实现控制与失控的平衡。

（一）“失控”的必要性

控制的缰绳约束了一切行动，同时也使人们在环境变化面前畏首缩尾、裹足不前。控制将差错与意外的野草连根刨起，同时也将所有的奇思妙想一起铲除。控制可以使流水线的生产效率拉到最大，但是无法孕育出新奇有趣、层出不穷的新产品。控制在泼掉整盆洗澡水——浪费、差错、低效、意外的时候，把澡盆里面的孩子——创新和适应性也扔掉了。

只有适应性，或者说创新、学习、进化、变革，才能给予我们意想不到的惊喜，让我们从容不迫地应对环境的变化，并促使我们不断地超越自我，达到更完美的境界。但是，适应性的代价就是——凯文·凯利所说的“失控”（out of control）。“失控”的意思不是让事物（例如，组织）完全脱离我们的控制，而是不要将事物完全置于掌控之下，适当地放开一些控制能够拥有更多更好的收获。一些人认为，老子语录中的“无为”是“失控”更准确的表述。

尽管“失控”的结果很可能会包含我们不想要的东西，或者不利的副作用，但是我们别无选择。就像风险和机遇是一枚硬币的两面，你无法坐拥适应性带来的一切好处，而屏蔽掉所有的坏处。“失控”把我们拽离安稳舒适的

---

① 据报道，谷歌于2013年8月31日正式取消了这一政策。这与一些观察者批评谷歌近年创新力出现衰退，不只是一个巧合而已。

"控制"港湾，剥夺了我们曾以为傲的东西——准确性、可预测性和理性。但是，我们别无选择，"因为真实的世界是一个充满不测风云的世界，是一个千变万化的世界；生存在这个世界里，需要一点模糊、松弛、更多适应力和更少精确度的态度。"① 在巨大的变化面前，准确性将被适应性所取代。

在组织中，"失控"意味着要改变中央集权的决策模式，将决策的权力赋予决策的执行者——一线员工。"失控"还意味着废除用计划和监督束缚员工行动的做法。计划不再由高高在上的高管制订，而是由一线员工制订；计划也不再是不能更改的金科玉律，而应根据当下的环境不断地调整与完善。监督不再是简单地比较实际行动与计划之间的差异，并立刻纠正不利差异，而是持续与业务人员保持信息沟通，利用判断力来对实际行动做出指导和评价。不仅如此，组织还应该创建鼓励全体员工开动脑筋，贡献创意并畅通交流的氛围，哪怕看起来荒诞不经的想法，也不应该被随意忽视或禁止。"失控"在资源分配上表现为组织应该为新项目投入必要的资金和时间，不要让过高的资金回报率等财务标准阻碍了新项目的成长。

（二）在控制与"失控"之间谋求平衡

理想的控制是在完全的控制与完全的"失控"之间的一个平衡点，若用复杂科学的术语表述，就是"混沌的边缘"。在完全"失控"的一端，系统将陷入完全的混乱、喧嚣与无序，新秩序缺乏形成所需的土壤；在完全控制的一端，系统被牢牢地捆绑在旧秩序之内，无法实现破茧成蝶的蜕变。只有在理想的平衡点，或称为混沌的边缘，新秩序将从无序中自发地涌现出来，系统既拥有灵活创新的能力，又不至于分崩离析。

以经济和社会为例，半个世纪以来的经验教训告诉我们，所有中央集权的计划经济体制的尝试毫无例外地全部失败了，而放任自流的无政府主义也被证明是完全行不通的。所有健康运转的、既有序又有活力的经济和社会都巧妙地兼用监管机制与市场机制，在控制与"失控"之间保持了富有动力的平衡，而非软弱无力的、中间道路似的简单平衡。

企业必须在控制与"失控"之间保持恰当的平衡，但是没有一个数学方程式可以告诉人们这个平衡点在哪里。企业必须在黑暗中小心翼翼地摸索，这个

---

① 凯文·凯利：《失控》，中信出版社2010年版。

过程好比走钢丝，企业必须持续地在控制与“失控”之间保持平衡，而不是像采蘑菇那样一次摘取便一劳永逸。艰难地寻找平衡的过程，使得管理的性质越来越多地从“硬”科学转向“软”科学，也使得管理本身可以成为一个难以轻易复制的竞争优势的来源。

只有自下而上的管理模式，才能给企业带来应对环境变化所需的适应性、学习与进化能力。但同时，企业也必须建立必要的中央机制，将自下而上的活动导入正轨，使其无法摧毁组织，才能使企业同时兼具稳定性和适应性。无数事实证明，如果只有放任，而没有任何的管治，任何组织都难以成功。例如，获得巨大成功的 Linux 操作系统是世界上首个由“无组织”成员的无偿劳动而创造出来的大型应用软件，各个国家的软件工程师都可以通过互联网对该系统进行部分地改进。Linux 项目的成功在于它很好地在自由放任与中央管治之间达成了一个平衡，每个工程师都可以自由地提交改进代码，但是代码是否能够被整合进 Linux 之中取决于项目发起人纳斯·托沃兹（LinusTorvalds）的判断。如果每个工程师都有随意调整 Linux 代码的权力，那么 Linux 早就会因为无休无止的纷争吵嚷而命丧襁褓。类似地，维基百科赋予大众更改词条的权力，但是由少数成员组成的核心团队保留了最终的编辑与审查权力。尽管他们只是偶尔才会使用这一特权，这有力地保护了维基百科免遭明显的恶意破坏。淘宝通过建立声誉机制（即评价体系）、仲裁机制和规章制度，维护了交易平台的健康运行。

平衡控制与失控还意味着，企业应该对决策执行的过程和结果进行持续地监控和反馈。适应性企业将决策的权力赋予了执行者，以激发创造力和提高反应速度。企业在赋予一线员工更多权力的同时，必须建立相应的控制机制以提高行动的成功率。如果企业对各个决策执行过程不闻不问、袖手旁观，大部分的行动都难逃失败的命运。正如自然界中很多生物的繁衍以极大的浪费作为代价，如果企业对所有新项目都听之任之，那么成功的概率会极其低下。对行动计划加以必要的监督和管理，能够有效地提高企业的生存能力。

伊丽莎白·哈斯·埃德莎姆指出，在充满变数的环境下，组织必须建立监控和反馈机制，原因有四点：第一，“行动方案并不能保证决策执行过程的顺利推进，把美好的愿望转化成有效的行动需要落实责任”。第二，“虽然决策者在选择合适的决策方案方面竭尽全力，但这并不能保证决策就是正确的，在瞬息万变的环境之下尤其如此，反馈可以提醒管理人员根据变化了的情况进行局

部调整和改进”。第三，“随着环境的改变，决策很快就会失效。如果在执行过程中不进行监控和定期检查反馈，所制订的行动计划不仅不能适应新的环境，而且随着计划的推进还会浪费宝贵的资源和时间”。第四，“监控和反馈是获取意外成功——实际结果超越预期结果所必需的，任何组织如果没有意识到或没有注意到有发生意外成功的可能性，就很难或根本无法抓住这种机会”。①

适应性企业建立监控和反馈机制的目的并不是强制员工按照计划或预设标准行事，而是及时沟通和交流进展状况，并且利用组织智慧来保驾护航。经常性（如每周一次）的沟通使得成员能够定期了解行动的进展，对员工的工作进度起到持续的鞭策作用，而且集思广益有助于尽早识别误入歧途的行动，修正行动的方向，或者出谋划策。及时高效的交流与沟通，对提高知识工作者的工作效率和效果有极大的裨益。最早提出知识员工概念的彼得·德鲁克，强烈主张管理者应赋予知识工作者以自主权而非加以严格控制。但他同时指出，员工自主决策不可避免地会带来风险，因此“管理层还必须确保知识工作者承担起工作责任，然后再进行指导和监督，这种督导是恰当必要的，并不是什么干涉行为”。

企业管理畅销书籍《基业长青》和《从优秀到卓越》的作者吉姆·柯林斯在总结其研究团队的成功经验时，也印证了上述的观点。他说道：“我们的研究团队取得卓越成就的关键在于，我们在自由选择的基础上建立承诺和联系合作机制。我们对项目完成期限和目标不作明确的规定，但团队成员通常都会自我选择其完成的期限，因为人们对于自己参与设定的完成期限会有更强烈的责任感……我们每周都会在实验室里集中开会，在会上大家互相交流沟通、评估整体进展状况、讨论新的创意。会议把团队成员们凝聚到了一起。最重要的是，我们设计这一工作环节是为了让团队成员随着整个项目的推进而能够相互借鉴和启发。”“这种‘承诺加自由’的方式要求必须高度重视选择合适的人选。他们不需要管制，而是需要你去引导他们、教导他们、给他们明确方向和目标。项目完成期限需要大家一起来商定，需要建立承诺和协作联系的机制，但不需要控制。”②

（三）正反馈与负反馈

诺伯特·维纳在1948年发表的《控制论——关于在动物和机器中控制和

① 伊丽莎白·哈斯·埃德莎姆：《德鲁克的最后忠告》，机械工业出版社2012年版。

② 伊丽莎白·哈斯·埃德莎姆：《德鲁克的最后忠告》，机械工业出版社2012年版。

通讯的科学》一书中，提出了著名的负反馈概念，它后来成为几乎所有人造控制系统的原理机制。负反馈过程消除一切变异，它的功能是让系统保持在持续稳定或平衡的状态。但是到了20世纪60年代初期，一些科学家认识到人们过于关注保持稳定而不重视变化，他们提出了正反馈的概念。正反馈放大差异而非缩小差异，促进变化而非压制变化。它打破稳定，甚至能够推翻稳定，它是变化的源泉。一个小小的变化如果不断地放大，直至超过临界点，便能引发系统结构的根本改变。

1969年，比利时科学家伊里亚·普里戈津进行大量物理和化学实验后发现，在所有适应性系统的内部，各个部分始终在进行着小规模的变化，有些变化会自生自灭，有些变化则会不断扩大。当变化大到超过临界点后，系统的原有平衡被破坏，原有的结构被瓦解，同时全新的更高级的结构将被建立起来。换言之，每个适应性系统都同时具备错综复杂、数量众多的正反馈与负反馈回路，正是这些回路使得系统可以在稳定与变化中保持平衡。正反馈和负反馈回路的共同作用、相互影响是自组织系统发展过程中的必要条件。

机械型组织的控制机制完全建立在正反馈之上，要求消灭一切异常和意外。但是，适应性系统的研究却告诉我们，组织内部必须同时具有正反馈和负反馈系统。正反馈是创新和活力之源，是适应能力赖以孕育而生的关键机制。同时，负反馈为组织提供了稳定性的保障，缺乏稳定性机制的组织将陷入一盘散沙的境地，纷争和混乱将把组织带向毁灭之路。组织需要保持稳定，但也需要在必要的时候重构自己，以适应突变的环境。因此，正反馈和负反馈缺一不可。

人们应该认识到现有业务和创新业务分别需要不同的管理方式。现有业务更多地依赖负反馈机制，保障现有业务的正常运转。但是，企业不应像机械性组织那样严格地消除一切差异，现有业务也要面对环境的变化，因而应该为其保留一定的灵活性。创新业务更多地依赖正反馈机制，小小的创新火苗可能迭代放大后，成为企业的新战略。另一方面，企业也应为创新业务建立必要的负反馈机制，防止创新业务因过度混乱而陷于瘫痪。

（四）前馈控制

基于控制论思想的管理控制系统执行的几乎都是反馈控制，即把系统事后的运行结果重新反哺到系统中，从而修正偏差，完成对系统的控制。反馈控制

又被称为事后控制，它的最大问题就是时滞。在动荡不安的环境下，过去的结果对未来没有实质性的指导意义，直接导致反馈控制的失灵。

适应性系统通常具有短期预测的强大能力，它们当下的行动基于对短期未来的预测。预测能力是适应能力的关键。基于预测对当下活动进行控制的机制被称为“前馈”。动物的眼睛、鼻子、耳朵和皮肤是它们用以窥视未来的预测机制。当蚂蚁感受到空气的潮湿时，它们预测到大雨即将来临，便会着手将家搬到地势高的地方。它们不会傻乎乎地等到滂沱大雨倾盆而下，才后知后觉地准备搬家。类似地，在非洲草原生活的羚羊在听到远处的一声狮吼时，就会朝狮子相反的方向逃去，因为它们知道狮子即将扑到眼前。动物依赖感觉器官把发生在未来的信息“前馈”到当下，并立即做出反应。

在变化的环境下运营，事前控制比事后控制重要得多。企业应该建立短期预测系统，借助预测未来，为当下的行动提供指导与方向。凯文·凯利指出：“适应，就其核心而言，要求对未来感知。在一个变化的环境中，……能够预测未来的系统都更可能存续下去。”目前，有越来越多的零售商借助大数据技术，提前预测顾客将要购买什么，以便以最小的成本最大限度地满足顾客的需求。有时，零售商甚至能够抢在顾客意识到以前，就已经开始着手备货。2004年沃尔玛应对侵袭佛罗里达的弗朗西斯飓风的行动，就是前馈控制的一个真实案例。弗朗西斯飓风的警报一经发布，沃尔玛的预测系统就预计到啤酒与水果蛋挞的销量会大增，因此他们在弗朗西斯飓风登陆之前就提前在佛罗里达地区准备了充足的存货①。当今的信息技术不仅可以帮助企业预测短期未来，还可以启动自动反应，例如自动发送订货单。

前馈机制依据积累的经验对未来做出预测，因此适用于历史上曾经出现过的模式。例如，沃尔玛之所以能够成功预测出弗朗西斯飓风对啤酒与水果蛋挞销量的影响，原因是这一模式曾经出现过。在弗朗西斯飓风来临的3个星期之前，查理飓风曾经来过一遭，沃尔玛根据查理飓风前后收集到的消费数据，发现隐藏其中的消费模式，并据此对下次飓风的影响做出预测。

（五）市场控制

现代管理体系中的核心控制机制是官僚控制（bureaucratic control），即运

---

① 维微克·拉纳戴夫：《未来之路——预见力：全球化经济大变局下的企业思维革命》，东方出版社2008年版。

用规则、法规、制度和权威来规范人们的行为。预算、统计报告、计划和业绩评估都是典型的官僚控制工具。官僚控制的优势在于规范化工作的过程或结果，对提高产品质量和生产效率极为有效。但是，官僚控制的缺陷与优势同样明显，它缺乏灵活性，僵化且教条，一方面容易导致员工的行为问题，另一方面阻碍了组织的适应性。当管理者预先设定的目标或标准由于预料之外的变化而变得不切实际时，严格的官僚控制系统很容易诱发员工的负面行为。常见的例子包括歪曲信息、隐瞒信息、人为操纵运营活动，甚至各种直接或间接的抵制行为。官僚控制系统驱使员工仅仅关注业绩指标，员工们被激励去完成业绩目标，而不是优化现有工作或者提出创新想法。

最近的 20 年，市场控制得到越来越多的关注。市场控制能够激发员工的活力，优化员工的行为，并且在判断新项目前景和决定如何为新项目分配资源方面非常有效。市场控制的奥秘在于价格机制和竞争机制。价格机制有两个作用：其一，价格作为产品（或服务）价值的指示器，可以更直接、更准确地用于评价员工或团队的业绩。其二，价格机制是一个理想的聚集群体观点的机制。詹姆斯·索罗维基在《群体的智慧》一书中指出，群体智慧（即群体做出的决策优于该群体内最聪明的个人所做的决策）的产生有三个必要条件：多样性、独立性和聚集不同观点的机制。在之前描述过的蜂群寻找蜜源的例子中，各个蜜蜂以加入舞蹈群舞的形式，为自己支持的候选蜜源投票。汇集了千百万非理性股民的股票市场，能够合理地为各只股票定价，从而决定企业的价值。同样，一个开放的创意市场能够把丰富且多样化的观点凝结为价格，群体的智慧得以聚集并加以利用。

市场鼓励竞争，而竞争是自适应系统普遍使用的基本机制之一。不同的物种为了生存而相互竞争，竞争为进化提供了动力。纷繁而杂乱的思绪在大脑里相互竞争，促成了高难度的思维活动。复杂科学的研究者们断言，“一个复杂组织里愚钝的个体之间总是为了获得组织资源和组织认同而相互竞争又共存合作。”①

将竞争机制引入组织，能带来两方面的积极作用：其一，无数事实证明不同团队、不同项目之间的竞争能够极其有效地激励员工努力工作、提高业绩。竞争机制不仅避免了业绩指标由于缺乏灵活性而带来的一系列问题，也克服了

① 凯文·凯利：《失控》，中信出版社 2010 年版。

片面的业绩指标导致员工忽视整体的弊端。其二，在组织内建立一个开放的创意市场，让各种新奇有趣的想法为争取到更多的认同和资源而相互竞争，这样做有很大的好处。市场可以从更多视角对各个创意做出更为公正、客观和准确的判断，一个创意不会因为某个固执或思维狭隘的管理人员的一票否决而过早夭折。通过市场机制，更有前景的项目能够争取到更多的资源（包括资金和时间）和更优质的资源（例如，吸引更有才华的员工主动加入），其效果远远优于自上而下的资源分配方式。此外，一个活跃的市场能够刺激创意提出者与市场成员反复地相互作用，激荡思维，促使创意以最快的速度迭代改进。

通用汽车公司的阿尔弗雷德·斯隆和通用电气公司的杰克·韦尔奇当之无愧地是管理史上最杰出的管理者，在将市场机制引入企业内部方面，他们为其他企业做出了表率。在斯隆的领导下，通用汽车公司坚持按照市场价格为中间产品定价，并以此作为计算业绩的基础。杰克·韦尔奇的做法也类似，他把庞大的通用电气划分为多个自负盈亏的独立单位，单位之间完全遵循市场原则进行经济往来。事实证明，这一做法有效地提高了工作效率，把企业推向行业的第一把交椅。海尔集团于 2014 年宣布，将要实现重大的组织变革，将层级制结构彻底打碎，在集团内部建立众多的小微单元。每个小微单元都要找到自己的顾客，直接面向顾客服务，传统的企业付薪转为“用户付薪”。海尔集团变革的激烈幅度远远超过了斯隆和韦尔奇的做法，充分展示了张瑞敏在拥抱市场机制上的魄力与决心。

在利用市场机制系统地发展新业务方面，一些企业迈出了重要的第一步。2004 年，一家名为瑞特的软件公司尝试建立了三个创意市场：“Spazdaq 市场——关注全新业务和技术的风险创意市场；Bow Jones 市场——与公司现有产品和能力接近的创意市场；Savings Bonds 市场——短期工艺性改良的创意市场。”① 每个员工都可以“发行新股票”，唯一的条件是准备两份文件，分别说明新创意价值潜力的文件，以及新项目推进的时间表。每只“新股票”的初始价格都为 10 元。每位员工都会获得 1 万美元的虚拟资金，可以自由购买或出售三个市场中的任何股票组合。每周，“证券商”——通常由规模较大的 IT 公司退休技术总监担任，会根据每只股票的项目推进情况、股票的买入和卖出情况以及股票论坛上的意见，对所有股票重新估价。当一只新股票入选公司最有

① 加里·哈默、比尔·布林：《管理大未来》，中信出版社 2008 年版。

价值股票的前 20 名时，公司会奖励股票发行人一桶真正的资金，以推动该项目的发展。如果新项目最终为公司创造了真正的利润，投资者将会获得报酬奖励，通常是分红或公司股票期权。在建立的第一个年头里，创意市场就为瑞特公司增加了 10% 的一线产品，占到公司新业务增长的 50%。

（六）团队控制

20 世纪 70 至 80 年代，日本产品在美国的巨大成功引发了广泛的讨论热潮。1980 年，日裔美国管理学家威廉·大内（William Ouchi）提出“团队控制”（clan control）的概念，来解释日本式管理的独到之处。官僚控制的一个基础假设是组织和个人利益的不同。与此相反，团队控制的前提是团队成员拥有共同的价值观、使命、愿景和期望，并相互信任。换言之，当团队成员拥有共同价值观并相互信任时，官僚控制就应该退而次之。

如果一个组织缺乏良好的企业文化，那么用德鲁克的话说，“企业就不成其为企业，只是一群乌合之众而已”。① 官僚控制的失败之处就在于其控制对象是乌合之众，无论纪律再整齐，管理再严格，乌合之众永远无法塑造出一个优秀的企业。正如明兹伯格所言，“无论在日本还是其他地方，强盛的企业无不拥有优秀的企业文化。”②

企业文化的力量类似于量子理论中“场”的概念，尽管它看不见摸不着，但是它充满组织空间并深刻地影响每一位成员的行为。优秀的企业文化能赋予所有组织成员以强大的使命感和责任感，能唤醒每一位成员对“真、善、美”的向往，能使成员焕发无穷无尽的精力、激情与智慧。优秀的企业并不一定拥有高于平均素质水平的成员，但是，它的成员一定具有这一特征——所有人都心甘情愿、慷慨无私地奉献。强大而优势的文化具有近乎“点石成金”的神奇力量，这是纪律、规范、命令、呵斥、胡萝卜和大棒所望尘莫及的。

在放权、自我组织和自下而上的管理模式下，强调企业文化的团队控制成为必不可少的控制机制。放权将带来无序，如果没有必要的控制，企业会陷入混乱的泥潭而无法自拔。彼得·圣吉指出，如果缺乏共同的愿景、价值观和相互信任，“放权只能增加组织的压力、加重组织协调和维持运营方向的管理负

---

① 伊丽莎白·哈斯·埃德莎姆：《德鲁克的最后忠告》，机械工业出版社 2012 年版。

② 亨利·明茨伯格：《管理进行时》，机械工业出版社 2010 年版。

担”，这样的放权是“幼稚和愚蠢的”。[①]

在混乱的环境下，领导者无法告诉每一位员工该做什么和何时去做，他们只能依赖员工自己的判断力和智慧去做出一个又一个的决策或行动。在这种情况下，领导者必须确保所有成员对组织的价值观和愿景有非常清晰的认识与认同。共同的价值观和愿景就像夜空中的北斗七星，为每位成员的决策和行动提供方向和指引。不论环境如何变化多端，每位成员都能依据同样的原则，做出符合组织价值观和目标的决定，任何干扰都难以破坏组织的稳定性。企业文化的这种作用类似于蜂群中的蜂后，蜂后从不发号施令，但她散发出来一种独特的化学物质，使蜂群里的所有蜜蜂保持同样的频率，从而将蜂群里的蜜蜂团结起来。

领导者必须懂得，要让组织成员灵活地采取行动或做出决策，就不能用政策、程序和规矩等条条框框来束缚成员，组织必须解放成员四肢和头脑，才能把组织转变为生机勃勃的持续变革组织。但同时，企业必须拥有强大而优秀的文化，它提供一种强大的向心力，使得成员都在向同一个终极方向前进。优秀的企业文化好比是持续变革组织的“金钟罩”和“铁布衫”，为企业漫长而不可预料的旅程“保驾护航”。

互联网催生了维基百科、Linux、Youtube 等依靠社区发展起来的优秀产品。网民自由参与、随意组合、无偿劳动、缺乏组织性和纪律性的群体，竟然能够在短时间内生产出令庞大的层级制组织惊讶不已的优质产品，原因就在于社区群体“形散而神不散”，组织成员拥有共同的使命感和目标，激情和创造力推动着他们努力前进。社区是一个团体控制的极佳例子。加里·哈默对比了层级制组织与社区组织的区别，他写道：“科层体制中，交换的基础是合同——人们因完成分配给他们的任务而获得报酬；社区制中，交换的基础是人人自愿——人们的劳动报酬是获得改变未来或者发掘自身潜力的机会。科层体制中，人是生产要素之一；社区制中，人是实现奋斗目标的合作伙伴。科层体制中，‘忠诚’是经济依赖的产物；社区制中，奉献与忠诚的基础是个人目标与组织使命息息相关。科层体制中，运用各个层级的管理以及系列政策与制度进行组织监督与控制；社区制中，依靠规范标准、价值、同行间的适度压力刺激加以管理。科层体制中，个人对组织的贡献局限于各自所在的部门；社区制中，在

① 彼得·圣吉：《第五项修炼：学习型组织的艺术与实践》，中信出版社 2009 年版。

决定人员及其工作分配问题上，能力和综合品质比工作证明及岗位描述重要。科层体制中，奖励通常是物质金钱方面的；社区制中，奖励通常是精神情感方面的。与科层体制相比，社区制看来似乎管理不足，但正因为这样，社区制放大了人们的能力。”① 依靠团队控制，社区体制能够极大地调动人们的积极性，激发人们的创造力，激励人们努力进取，这是层级制组织永远无法做到的。

六、激励

体力工作的差异主要反映在数量上，一个强壮有力的炼钢工人可以高出平均水平的 2 至 3 倍。但是，同岗位的两位知识员工在工作效率上的差异可能非常悬殊。李开复曾经说过：“在工业时代里，一个优秀技工和一个普通技工的效率差异可能是 30%，但在信息时代里，一个高级程序员和一个普通程序员的效率差异可能高达 10 倍以上。”他举了发生在微软公司的一个真实例子，一位编程高手仅用一个星期就完成了产品经理原本打算安排 50 个人用半年时间完成的工作。

事实上，对知识工作而言，工作成果的差异通常难以衡量，原因是知识工作的根本差异不在于数量，而在品质。德鲁克强调：“对大多数知识工作而言，品质不只是最基本的或限制的条件，品质是产品的要点及精华所在。”② 以小说为例，两部小说的差异主要反映在品质上，而与字数没有太大关系，成千上万本普通小说累积起来也无法与一部《红楼梦》相提并论。知识工作者在生产率上的差异往往相差很大，同时难以估量，而要求员工发挥判断力和创造力的工作尤其如此。如何提高知识工作者的生产率，便成为当前管理面临的最关键挑战。

高质量知识成果的产生来源于激情、热爱、使命感、责任感、自由感、创造力、成就感，而没有任何既定规则或程序可以遵循。这意味着命令和控制不仅无法促成高质量的知识成果，反而会带来显而易见的负面影响，因为它们的目标是要把工人转化成机器，杜绝工人的一切情感和脑力活动。传统管理将权威、规则和程序强加给工人，迫使他们规规矩矩地按照既定要求和程序行事。这套做法对于体力工人和体力工作确实有效，但对知识员工和知识工作却彻底

---

① 加里·哈默、比尔·布林：《管理大未来》，中信出版社 2008 年版。

② 彼得·德鲁克：《21 世纪的管理挑战》，机械工业出版社 2009 年版。

失灵了。权威、规则和程序会剥夺知识员工的热情、成就感和创造力，激发他们的不满、冷漠和消极抵抗，员工的潜力要么被“冷冻”了，要么浪费在博弈、政治和数字游戏上。

在知识经济中，“命令—控制”式管理难以保障工作完成的质量，同时，基于金钱的传统激励手段也失去了往日的光环。长期以来，绝大多数组织都盲目地相信只有金钱奖励才能激励员工，内在报酬（intrinsic rewards）在管理实践中一直遭受冷遇。很多事例证明，外在金钱报酬的激励效果经常会“变味”，员工只是努力实现规定的业绩标准（主要是财务指标），而不是努力把工作做得更好。有时，金钱激励还会诱发危害企业利益的负面行为，华尔街不时爆发的财务欺诈丑闻就是一个例子。

没有任何迹象表明，人们变得不再追求金钱。金钱仍然能够驱动人们努力工作，但是它的副作用也越来越明显。金钱像毒品一样具有让人上瘾的效果，人们对金钱的胃口越来越大，无止境地追求越来越多的金钱。正是人们对金钱期望水平的日益增长，使得金钱在激励上的效力越来越弱。要达到同样的激励效果，每一年金钱奖励的金额都必须保持相当大幅度的增长。“这也许是马斯洛下述规则的一种证明：一种需要越是接近于得到满足，则为了产生同样的满足程度所需要追加的增量也就越大。”如果金钱奖励增长的幅度低于预期，员工们就会感到不满，更不用说对金钱奖励下降的反应了。这意味着金钱奖励不一定能起到激励作用，有时甚至会起到“负激励”效果。金钱奖励“作为积极刺激的作用在逐渐减弱”，在金钱奖励方面“感到失望而造成的不满足感却在迅速增长”。“用赫茨伯格的话来说，经济报酬已经不再是‘激励因素’了，而变成一个‘保健因素’。如果不予注意，即如果在经济报酬方面引起了不满意，它就成了一种阻力。”①

金钱奖励具有两个致命弱点。一是在金额的绝对水平上，“成瘾”效应严重破坏了金钱的激励作用。“如果只有很大的——而且是越来越大的增量才能起到刺激作用，那么物质刺激的应用就会自陷绝境。预期的激励效果会达到，但其高昂的成本将会超过所得到的利益，成本将消耗掉生产率的增长所带来的全部收益。”另一个缺陷是金钱奖励的相对水平问题，获得金钱奖励较少（例如，低于同事或者低于平均水平）的员工往往心中愤愤不平，认为奖励办法不

① 彼得·德鲁克：《管理：使命、责任、实务》，机械工业出版社 2009 年版。

公平。无数研究表明："对激励所起的阻碍作用，没有比'一个人与其同事相比所得的报酬较少'更为强大和更为有力的了。"在很多组织里，金钱奖励的副作用"已经达到了有毒的程度"，不仅无法发挥激励知识员工的作用，反而不时扮演"负激励"的角色。

如今，金钱奖励在激励体力工人上的表现差强人意，对激励知识员工更是毫无用处。大量心理学研究和经验证据表明，精神状态和情感因素会对人们的工作产生巨大影响。激情、热爱、使命感、责任感、自由感、创造力、成就感等是激励人们努力奋斗的强大推手。对知识工作而言更是如此，人类所有伟大的作品都离不开充满激情的投入、忘我的工作和无私的奉献。1560 年，瑞士钟表匠布克在参观金字塔时断言："金字塔的建造者，绝不会是奴隶，而只能是一批欢快的自由人。"他认为："金字塔这么浩大的工程，被建造得那么精细，各个环节被衔接得那么天衣无缝，建造者必定是一批怀有虔诚之心的自由人。难以想象，一群有懈怠行为和对抗思想的奴隶，绝不可能让金字塔的巨石之间连一片小小的刀片都插不进去。"这个石破天惊的论断终于在 400 年之后得到了验证。2003 年，埃及最高文物委员会宣布："通过对吉萨附近 600 处墓葬的发掘考证，金字塔是由当地具有自由身份的农民和手工业者建造的。"

另一方面，随着大众生活走向富裕，越来越多的人超越了马斯洛的人类需求金字塔的底部——生理和安全，开始追求更高层次的需求——爱、尊敬和自我实现。网民们在维基百科、Youtube、博客、Linux、各种论坛等项目或网站上无私奉献，创造大量内容或编写软件，高质量的无偿劳动反映了一个基本事实：对爱、尊敬和自我实现的追求成为驱动人们努力工作的强大动力，远远超过了金钱所能起到的作用。

这并不意味着金钱不再重要。金钱仍然非常重要，但是，金钱只是一个"保健因素"，而不是"激励因素"①。"对金钱报酬不满意当然令士气低落，但是对钱的满意只不过是一个'必备条件'"。要想真正地激发知识员工的无限潜力，组织必须重视"内在报酬"，包括赏识、尊严、激情、自由、使命感、自我实现等物质之外的激励因素。早在 1959 年，弗雷德里克·赫茨伯格（Frederick Herzberg）在《工作的动机》（The Motivation to Work）一书中就提出，应以管理义工的方式来管理员工（尤其是知识员工）。他断言，激励知识员工的

① 彼得·德鲁克：《21 世纪的管理挑战》，机械工业出版社 2009 年版。

驱动因素，就是激励义工的驱动因素。

将近40年后，德鲁克在《21世纪的管理挑战》一书中对赫茨伯格的观点表示赞同，他补充道："正因为义工不支薪，他们一定要从工作上得到比支薪者更大的满足。"知识员工创造佳绩的前提条件是，他们热爱自己的工作。只有赏识、尊严、激情、自由、使命感、自我实现等积极的情感与精神因素，或者说"内在报酬"，才能使员工发自内心地热爱工作。真正能够激励知识员工的力量源于工作本身，而非外在的金钱。知识员工确实需要丰裕的金钱报酬，但是金钱难以起到激励作用。过度重视金钱奖励手段，将不可避免地引发"负激励"效应。今天，蓬勃发展的互联网带来的"义工潮"现象，有力地印证了赫茨伯格和德鲁克的观点。

以管理义工的方式管理知识员工，是管理者面对的一大新课题。传统控制与激励手段是针对体力工作和大规模生产企业的特征而发展起来的，只适用于工业时代环境。盲目地把它们照搬到知识型企业中，就好比拿旧药方治新病，结果要么是贻误病情，要么是加重病情。与体力工人不同，知识员工必须自我管理。管理者不应过多干涉员工工作，但是，管理者有责任为员工创造良好的工作环境。德鲁克在1973年出版的《管理：使命、责任、实务》一书中写道："工作结构和特征的转变，对工作提出了这样的要求：要求工作能够提供经济利益以外的事物。人们已经不能满足于维持生活了，工作必须能够创造出一种新的生活。"① 管理者应致力于创建一个强大而优秀的企业文化，以凝聚所有员工，赋予他们共同的使命感、价值观、责任感和激情，使得他们能够以一致的频率"共振"，朝同一个方向努力。管理者也应在招聘、岗位或任务安排、职业生涯规划等人力事务上付出更多的心血，以提高每位员工对工作的满意度和成就感。上述做法是提高知识员工的"内在报酬"的有效途径，也是激励知识员工的主要方法。

七、业绩评价

在充满变化的环境下运营的企业应该认识到，既有业务和创新业务需要不同的评价和管理方法。已有的成熟业务应该接受量化的业绩考核，但是创新业务却不适合这一标准。坚持用常规方式考核创新项目，用彼得·德鲁克的话

---

① 彼得·德鲁克：《管理：使命、责任、实务》，机械工业出版社2009年版。

说，就好比“在徒步旅行中，让一个6岁的小孩背负100磅重的背包将会摧残孩子”。对创新活动的管理应关注对机会的把握，而非对利润的控制。很多企业都是因为坚持严苛的财务业绩标准而在创新方面屡屡碰壁，最终导致企业像泰坦尼克号一样沉向海底。一位曾经在朗讯科技公司（Lucent）担任项目负责人的管理者在访谈中说道：“在朗讯，我们承担一切工作责任，承受着超过100%增长率的压力，以至于很多创造性思维都被扼杀了。”①

对既有项目的评价往往基于一个可行的财务（或统计）目标，目标与实际之间的差异决定了业绩评价的结果。但是，这种传统的业绩评价方法不适用于创新项目。创新项目在未来的发展走势往往出乎人们的预料。尽管在各个阶段为新项目设定目标对于推动项目发展而言是必要的，但是这样的目标并不适合作为业绩评价的基础，至少不能成为业绩评价的主要依据。这里有三方面的原因：一是新项目的发展往往取决于无数的外部因素，在很大程度上并不受项目成员自身的控制；二是新项目的前期发展往往是最困难的，项目成员的付出与收获不成正比，财务指标无法完整地反映出员工的工作努力；三是为了起到激励的效果，管理层往往会为新项目设置很高的目标，甚至高得不切实际，这样的目标不适合作为评价业绩的基准。例如，2000年丰田公司北美零部件分公司为消除浪费现象，设立了在旁人眼中荒诞可笑的高目标：客户服务水平提高50%，削减1亿美元的分销成本，削减供应链中1亿美元的存货。

创意通常是天马行空，不切实际的，在多数情况下，人们无法事先判断出它究竟是机会还是空想。管理层不应过早地妄下结论，而应该为各个创意留出更多的时间和空间去发展，否则创新的火苗都会因为无法获得继续燃烧所需的燃料而熄灭。但是，这不等于创新项目不需要测评，相反，创新项目需要持续地测评，以减少由于各自为政、缺乏章法或懒散而导致项目阻滞不前的风险。正如德鲁克所说的：“如果没有人知道他们在做些什么，那么知识工作者就可能会各自为政而导致效率低下，在很多方面甚至超出想象。”② 测评不仅有推动项目成员努力前进的作用，也可以适时终止不被看好的项目。企业的资源是有限的，放弃没有希望的项目可以为其他更有前景的项目腾出空间。企业必须持续对各项业务（包括现有业务和创新业务）进行测评，并系统地放弃前景不佳

① 伊丽莎白·哈斯·埃德莎姆：《德鲁克的最后忠告》，机械工业出版社2012年版。
② 伊丽莎白·哈斯·埃德莎姆：《德鲁克的最后忠告》，机械工业出版社2012年版。

的项目。

对创新项目的评价缺乏客观的标准可供参照，更多地依赖主观的判断。评价创新项目的常见方法包括事后的主观判断和竞争机制。管理层可以在事后结合考虑多方因素对新项目做出主观判断，也可以让更多的员工参与对各个项目的评价。事后的主观评价应是一个开诚布公的过程，管理者、项目成员和其他组织成员都可以公开、自由地发表意见，有助于达成不偏不倚的评价结果。企业也可以利用竞争机制来评价和激励新项目的发展。例如，企业可以建立内部创新项目市场，允许组织成员买入和卖出各个项目的“股票”，“股票”的价值反映了群体成员对项目的评价。企业也可以让内部多个创新项目进行“PK”，或者与外部竞争对手的新项目比拼，通过与“标杆”单位业绩的比较，来评价各个创新项目的成绩。对各个项目成员业绩的评价，可以采用类似的做法。值得注意的是，对各个成员的业绩评定不应只考虑成员个人的表现，还应重视团队的整体表现，以及成员在协助团队成员上的表现。这样才能鼓励团队成员拧成一股绳，为了共同的目标而努力。

业绩评价的作用不局限于打个分数，或者决定奖金报酬。只有当业绩评价成为反馈过程的一部分，揭示出项目进行过程中的缺失错误或改进方向时，业绩评价才能发挥最大的功用。可以说，对于业绩评价而言，过程比结果更加重要。业绩评价应该是一个组织成员进行直接而坦诚的沟通过程，大家自由交流各方观点，对出现的问题和原因进行剖析，为下一步改进出谋划策。及时的反馈有助于新项目及时调整与改进，这是新项目走向成功的必经之路。

八、信息沟通与协调

自从物理学家利奥·西拉德（Leo Szilard）成功地利用信息的概念，将热力学第二定律从麦克斯韦妖的阴影下拯救出来之后，信息的地位发生了逆转性的变化。信息被视为物质和能量之外的第三种基本要素，用信息的概念解释自然科学各种现象的做法已蔚然成风。在生物学中尤其如此，科学家们将生命系统描述为信息处理系统，认为信息在生命系统成长、进化和适应的过程中扮演了核心的角色。可以说，“生命就是一个不断组织信息的过程”。信息是生命系统保持适应性的核心要素，是建立新秩序必不可少的关键要素。

生命系统的信息处理系统具有三个主要特征：

第一个特征是开放性。生命系统都是开放系统，它们对环境中一切信息保持开放。它们从不试图控制信息或歪曲信息，而是对周遭一切事物和事件都时刻保持着警觉。它们收集信息的目的不是为了保持现有形态的稳定，而是为了在新环境下生存而改变现有形态——人们称之为成长、学习、适应或进化。一旦发现环境有变，生命系统就会以新的方式组织信息并调整自己，最终建立新的秩序以适应变化的环境。

以免疫系统为例，每个淋巴细胞都是一个微小的环境探测器。探测器的形状范围与病原体结合得越紧密，就会产生越多的后代淋巴细胞。同时，免疫系统不断地产生新的淋巴细胞，来探测新的形状范围。免疫系统通过无数的淋巴细胞来持续捕捉有关病原体与形状配对情况的信息，并据此持续调整自身状态（调整淋巴细胞的数量与形状分布）。不间断地捕捉信息，并利用环境信息和反馈信息来指导、调节或改进未来的行动，是生命系统适应性的关键机制。不仅如此，生命系统通常都会建立前馈机制，对在不远的将来可能出现的状况进行预测，然后利用累积的经验和知识提前一步做出应对，避免了很多不利局面的出现。保持以开放的姿态收集、传递、解释与处理信息，是生命系统具备强大适应能力的前提。

第二个特征是分布式网络。每个生命系统都以分布式网络的形式来储存、传递、解释和处理信息。神经科学领域的实验结果推翻了人们最初的假想，记忆的最小片段并不储存在大脑中特定的位置（即神经元），而是分散在整个神经网络之中。同时，信息的传递也不是由一个神经元依次传递给另一个神经元，而是通过网络同时传递给多个神经元。在免疫系统、昆虫群、细胞代谢等复杂系统中，每个个体都可以独立地获取信息、解释信息并根据信息采取行动，系统整体的智能行为从分布式信息网络中孕育而生。例如，各淋巴细胞分头行动，探测体内的入侵病原体，然后根据匹配结果采取行动。在寻找食物源的过程中，蚂蚁群里众多蚂蚁同时向各个方向勘察，如果发现食物，便会带一小块回来，并在途中散发信息素（挥发性分泌物）。信息素会吸引别的蚂蚁前来觅食，更多蚂蚁经过的路线会聚集更多的信息素。食物源越近，蚂蚁经过的次数越多，信息素也就越密集，这样会吸引更多的蚂蚁。所有自我组织的复杂系统都具有分布式决策和行动的特点。

第三个特征是局部通讯。科学家们发现，所有自我组织的复杂系统都具有局部通讯的特征，即信息的传递局限于局部，而非传递给网络里的所有节点。理论生物学家斯图亚特·考夫曼（Stuart Kauffman）用计算机仿真了成千上万个具有不同连接度的网络，以考察哪种连接度能带来最大的适应性。连接度指的是网络中平均每个节点与多少个节点相连。模拟结果显示，当连接度太低时，系统的适应性也很低；随着连接度的增加，系统的适应性也随之增加。但是，一旦连接度超过某个边界，随着连接度的增加，系统的适应性不升反降。也就是说，“过度连接的系统与一盘散沙并无二致”，甚至会“使整个系统陷入严重瘫痪”，考夫曼把这种现象称为“复杂度灾难”①。只有在理想的连接度下，个体之间流动的信息量才能处于理想水平，作为整体的系统就能不断地根据环境的变化找到最佳解决方案。

1998年，邓肯·瓦茨（Duncan Watts）和斯蒂文·斯特罗加茨（Steven-Strogatz）首次提出小世界网络模型，后续的研究证明脑神经网络和基因网络都是典型的小世界网络。高度的集群性、不均衡度分布以及中心节点结构是小世界网络的典型特征。在小世界网络中，大部分的节点彼此并不相连，但是任意两个节点之间只需少数几步便可辗转相连。科学家们推测，进化青睐小世界网络的原因主要有三点：一是避免了过多通讯带来的复杂度爆炸问题。如果所有节点都直接相连，那么信息传递将耗费大得惊人的能量，这不是大脑的现有容量所能处理的。局部通讯明显是一个更经济的结构。二是保持信息处理的局部性和直接性，将鼓励众多个体以多样化的方式行动，有助于促成创新行为从各个不起眼的角落里此起彼伏地出现。三是小世界网络具有弹性，一个区域的损害不会影响整体的正常运转。

开放性沟通、分布式沟通、局部沟通对持续变革组织沟通机制的建立有着重要的借鉴意义。通信技术的发展赋予企业实时沟通与协调的能力，这一点同样重要，所有复杂系统的成员都是通过实时沟通和协调不断调整和优化行动的。

（一）开放性沟通

传统组织往往以为世界会按自己的意愿发展，管理者将视野局限于公司内部，对环境的变化总是反应迟钝。森严的层级结构和僵化的部门划分，在组织中间树立了数不清的“隔热墙”，它们不仅严重阻碍信息的流动，而且每经过一道墙，信息扭曲程度便会指数级上升。高高在上的高级管理层与市场的距离

---

① 凯文·凯利：《失控》，中信出版社2010年版。

太过遥远，根本感受不到市场的温度。各部门的员工被分配去完成碎片化的工作，没有人告诉他们碎片以外的信息，他们工作在一个与流程、产品和顾客隔绝的世界里。各个层级的管理者都有憎恶坏消息的倾向，坏消息被当成是避之不及的瘟神。当坏消息零星地冒出头来时，麻木的管理者根本看不到；当坏消息开始有些气候时，管理者把它们当成偶尔的意外，拒绝承认不好的事实；当坏消息已经对财务数字造成影响时，管理者四处寻找方法来掩盖它，例如操纵会计数字，操纵运营活动；当使尽一切手段都无法遮掩坏消息时，各个管理者都试图将责任推卸到别人身上。到了这时，高层管理者才能了解到事情的严重性，可惜为时已晚，企业已经无力回天。CEO 总是公司里最后一个知道坏消息的人。

生命系统的适应机制告诉我们：一定要时刻关注环境的一举一动，在捕捉环境变化的过程中不能戴着有色眼镜，应该以开放的心态去看待一切信息。细微的变化不容忽视，因为再微小的变化经过反复迭代后，也可能放大成为重大的变化。坏消息尤其值得关注，如果未能早期发现、早期应对，企业将要为此付出很大的代价。将坏消息视为敌人源于本位主义思想，生命系统从不以自己为中心，它们知道唯有顺应环境的变化才能生存。生命系统从不把变化区分为好变化与坏变化，它们只知道要适应一切变化。生命系统不会坚守现有状态，它们会为了适应环境而改变自己。生命系统从不尝试消除计划与实际的差异，它们知道生存是唯一的目的。

企业应该同样以开放的心态面对组织内部产生的各种新奇、不寻常的信息。机械型组织厌恶混乱和出其不意，它们总是毫不留情地把各种新奇的想法扼杀在摇篮里，它们要的是按部就班和零差异。一旦环境变化，这样的组织就沦为被时代淘汰的恐龙。生命系统知道，新奇的想法是创新的源头。它们可以来自毫不起眼的任何角落或者边缘地带，在适当的条件下，它们会由于持续地正反馈而不断成长起来，直至超过某个临界点，此时新结构将取代旧结构。企业内部的新奇想法，无论是令人惊讶的，或者不切实际的，甚至令人生厌的，都不能过早拒绝。组织应该支持大家对新奇想法进行讨论和思考，也应该鼓励大家进行创新的尝试。同时，公司也必须建立合理的控制机制，以保障企业既不会跌入混乱和冲突的泥潭，也不会陷入僵化和官僚的陷阱。

（二）分布式沟通与分布式智能

长期以来，人们从不怀疑集权的管理模式，坚信只有伟大英明的管理层才

能做出正确的决策，若把决策的权力赋予底层员工，结果将是无穷无尽的错误和混乱。组织的智慧等同于高管的智慧，除此之外，智慧不可能在其他地方出现。但是，复杂系统告诉我们：组织的适应性来自于广泛分布在组织中的智慧。中央集权式管理模式只能培育出智力低下的组织，分布式网络模式才能造就出具有强大适应能力的智慧型组织。在持续变革组织里，智慧遍布组织的每个角落。信息和思考不应成为高层管理者的特权和责任，而应该分散到组织中的每一位成员。

今天，很多企业招聘员工的基本要求之一是具备高等学历，有些甚至要求研究生学历和以上。而在100多年前，工厂招聘的体力工人大部分是从乡村走进城市的农民，他们中的绝大部分都没有受过良好的教育。与100年前相比，今天的员工早已今非昔比，但是今天的管理实践仍然将员工排除在决策之外，无疑是极其荒谬的。在很多企业里，员工并不缺乏决策所需的智慧，但是缺乏决策所需的信息。尽管互联网的普及扫平了信息传播的技术障碍，但很多企业仍然严格地控制信息的流动，把信息系统当成信息的守护者，把访问信息当成管理者专享的特权。如果缺乏信息，即使再优秀的员工也难以把工作做得更好。斯堪的纳维亚航空公司前任总裁简·卡尔森（Jan Carlson）指出："离开信息，人们是无法做好工作的。而分享到信息的人能够很好地履行自己的责任。"现在，企业应该建立可以灵活访问信息的平台，让他们可以了解工作所需的信息和反馈，广泛利用员工的智慧来做出更好的决策与行动。企业的信息网络必须具备公开、透明和诚信的特征，这不仅是保证信息真实性的要求，也是鼓励员工献策献力的前提。

（三）局部沟通

绝大多数人们都同意，信息在组织中的传播不应限于垂直的上下级之间，而应以网络的方式扩散。很多学者鼓吹，应该公开所有信息，把所有信息传播给所有成员。实务界的管理者通常对此半信半疑，因为他们饱受"信息洪水"（或者说信息过载）的折磨。复杂科学研究表明了这一点：把每个信息传递每个人并非智慧的产生方式，这和流行的商业说教恰恰相反。大量地传递信息不仅严重浪费计算与通信资源，更关键的是，它没有意义。每个人的认知能力都是有限的，如果信息负荷超出人脑计算的范围，那么效果跟不提供信息没有什么分别。因此，理想的方式是将适当的信息在适当的时候传递给适当的人，而

不是把所有的信息同步传递给所有人。

局部沟通的另一大好处来自于多样性和及时性。每位成员都拥有独一无二的经验和隐性知识，每个人对信息的观察和解释视角都不完全相同。通过允许成员自主决策，局部沟通保护了成员在决策和行动上的独立性和多样性，而独立性和多样性是群体智慧涌现的前提。如果组织内成员的想法和观点完全一致，组织的行动将是整齐划一的，组织的适应性将受到严重的调整。自主决策也有助于提高决策的速度，如果每个决策都需要经过上级层层审批，那么组织在紧急情况面前如手脚被捆绑住一般，难以开展行动。

（四）实时沟通与协调

一年一度的计划和预算过程是很多组织最主要的沟通与协调途径。基于牛顿科学的管理模式暗含一个假设：切分得七零八碎的工作碎块，经过加总能够恢复成完整的工作（或流程）。既然部分的简单相加等同于整体，那么日常工作中就没有沟通与协调的必要了。企业仅仅在编制计划与预算的时候才需要沟通与协调。

在真实世界中生存的生命系统从不相信计划。它们知道每一天都是新的，每一次寻找新的食物源、物色新家地址、迁徙或者与猎捕自己的猛兽狭路相逢，都没有事先制定的计划可以遵循。它们必须根据眼前的情况，决定应当采取什么行动，同伴们之间实时沟通与协调也为更好地决策和行动提供了帮助。例如，蚂蚁根据路线上其他同伴们留下的信息素，判断出哪条路径通向最近的食物源。蜜蜂根据同伴们的群舞情况，决定往哪个方向寻找蜜源。实时的沟通与协调帮助组织成员选择到更近、更丰富的食物源。

在战争中，实时沟通与协调远远胜过事先计划。1940 年 5 月德军坦克阵在装备不及法军的情况下，仅用了 6 个星期就夺取了胜利，成为历史上一个经典的“闪电战”案例。德军的胜利可以归功于一个法军没有的技术：无线电。借助无线电，德军坦克指挥官们可以及时收集并分享信息，这是灵活制定决策的前提。无线电给予了德军实施快速进攻的新作战方式的能力，坦克指挥官们拥有很高的自主决策水平，同时可以与同伴们在战场上实时协调，组织高水平的进攻[①]。在互联网时代，计划越来越多地让位于实时决策与行动，而实时决策

---

① 克莱·舍基：《未来是湿的》，中国人民大学出版社 2009 年版。

与行动必须以实时沟通与协调为基础。即使组织在事前制定了周密的安排，组织成员在执行中也必须根据现实环境的变化，对计划做出调整。实时沟通与协调是适应性系统应对不确定环境的必然选择。

第四节
谷歌公司预算体系的创新实践

谷歌公司不仅是世界上最赚钱的公司之一，也是世界上最具持续变革与创新能力的企业。谷歌公司最令人称道之处不是其强劲的现金流和美好的财务前景，而是它在建立以分布式网络、适应性和自组织为特征的管理体系上，率先做出了大胆的尝试并取得了令人炫目的成功。谷歌公司的做法为本书支持组织变革的预算新体系提供了一个能够借鉴和取经的范例，并为如何将新预算体系的原则落地提供了宝贵的参考。

一、战略形成

谷歌公司的很多新产品不是由上层经理精心规划设计出来的，而是由上万名才华横溢的一线员工经过小步尝试、快速迭代的努力获得成功的。谷歌鼓励员工大胆尝试新鲜的创意和想法，积极推动员工从事与现有业务无关的创新项目。

谷歌对员工创新的鼓励没有简单地停留在口号上，它有一项十分特殊的规章制度：员工可以自由支配20%的工作时间。员工可以把这些自由时间花在任何自己感兴趣的项目上，即使这些项目与他们本职工作没有关联。每天或每周都抽出20%的时间用于自由项目的做法并不现实。实践中的典型情况是，一位谷歌工程师结束了一个为期6个月时间的重要项目后，决定为了加入一个新项目而请假6周。谷歌授予员工的自由时间结出了喜人的果实：谷歌发布的一半以上的新产品都来源于此。

谷歌有着非同一般的“创意民主”和“知识民主”的企业文化。每位员工都敢于直言不讳地发表自己的观点和看法，不会因为与领导意见不一致就噤

口不语或改变意见。在谷歌，每位工程师都了解自己肩负创新的责任，高级管理层也深信绝大部分的创新火苗都将来自数以万计的工程师们。在谷歌公司的会议室里，一个外人无法仅仅通过观察会议进行情况而判断出员工之间职务头衔的高低之分。所有的辩论、所有的决策都不是由职位最高的管理者做出的，而是由“集体智慧”决定的——人们通过知识和观点的表达、交流、分享和碰撞最终形成集体决策。

谷歌管理层对各工程师的创意都保持默认的肯定态度，从来不会轻易否定任何提议。大部分创新项目通常都不需要工程经理和高级管理层的干涉，他们只有在涉及重大资源投入，或者对谷歌品牌或用户体验构成重大影响的决策时才会出现。即便在这样的场合里，高管扮演的角色也不是自上而下的推进战略，而是通过沟通和激励以形成集体决策。例如，在谷歌的重要例会“产品战略会议”上，公司高管要与来自公司各部门的团队成员进行长达 6 个小时的对话交流，每位成员都坚信自己在开发一个潜力无限的新项目。

二、预测与计划

身处瞬息万变的互联网行业，谷歌深知商学院倡导的计划流程不利于产品创新，甚至经常扼杀创新。“小步快跑、快速迭代”远比事先制订周密计划更可行而且更有效。2014 年谷歌执行董事长艾瑞克·施密特（Eric Schmidt）与高级顾问乔纳森·罗森博格（Jonathan Rosenberg）合著了《谷歌如何做事》（How Google Works）一书，揭示了谷歌的管理之道。他们在书中写道：“我们没法告诉你如何制订商业计划。但是我们可以百分之百肯定地告诉你，你手头的商业计划一定是错误的。MBA 风格的商业计划，不管你考虑得多缜密，一定都有致命弱点。”因此，谷歌深信：快速行动远比周密计划更为重要。快速试错、快速反馈、快速进化是谷歌能够不断推出受欢迎的新产品的方法论。

在常规业务运营中，谷歌使用英特尔发明的 OKR（Objectives and Key Results，目标和关键成果）计划流程。OKR 制度在时间上按照季度进行，在组织层次上按照个人、团队和公司分别设立。以员工个人 OKR 为例，先设立数个（不超过 5 个）有野心的、较激进的、令人感觉有点紧张而不舒适的目标，接着为每个目标确定 4 项关键成果，这些关键成果必须明确地使目标可实现，而且必须是可量化的。例如，在金融危机期间谷歌寻求扩大营收的方法，其中一个方法是把博客作为增加创收的突破口。那么，一个员工 OKR 的样例可能是

这样的：

> 目标：加速博客收入的增长
> 关键成果：
> ——向所有用户增加放置盈利广告的栏位
> ——增加广告主通道以提高 RPM（广告请求每千次展示收入）xx%
> ——发布 3 个营收方案，比较哪个对营收增长促进最大
> ——完善博客广告网络的研发，确保 Q1 的工程师配置

每个季度末期，每位谷歌员工将会对自己个人 OKR 考核打分，分值在 0 到 1 之间。0.6 至 0.7 为最适当的分值；如果分值低于 0.4，员工需要反省哪里做错了；而如果分值接近 1，则表明目标太简单。在谷歌公司范围内，所有 OKR 都是公开透明的。每个员工都能在员工资料库中看到全体员工的 OKR，包括每位高管的个人 OKR。

谷歌 OKR 流程与传统计划流程截然不同。前者周期更短（按季度进行），程序简化得多（复杂程度不及后者的 1%），而且这个流程与公司文化一致，主要是自下而上而不是自上而下。个人 OKR 的制定需要员工个人与他的直接管理者进行一对一的交流，协商好目标和关键结果是什么。个人 OKR 的评分是员工自己而不是上级打出的。团队 OKR 的制定通过团队会议进行，团队成员共同商议达成团队下季度的目标和关键成果，之后再通过团队会议评估团队的表现。

可能更关键的是，OKR 流程并不像传统计划流程那样与绩效考核挂钩。它的主要作用在于帮助员工个人与管理者了解各项目完成进度，反思工作计划或目标是否合理。评分并不是 OKR 的目的，分数远远没有过程重要。通常季度 OKR 评分只要几分钟就能完成，这些评分与薪酬激励和晋升都没有关联。

三、资源分配

谷歌估计，为了维持正常的成长曲线，公司需要每季度发布 10 到 12 个新产品或重大产品改进。谷歌人被鼓励组成众多动态的“谷歌研发专案小组”，以求比竞争对手更低成本、更快速度去进行创新性试验。

持续创新不只是公司文化和口号而已，创新离不开所需的资源。为此，谷歌公司在制度上提供了必要的保障。谷歌允许每位工程师将其 20% 的时间投入非核心业务的创新中。公司在招聘工程师时只会选择求知欲强且兴趣广的人，因为这样的人才会具备创新能力。20%的自由时间规定一方面帮助谷歌持续创新的步伐，另一方面得以使公司留得住富有创新力的顶尖人才，很少有人会因为自己的想法和爱好没有得到满足而离开谷歌。20%法则保证了短期压力不会消耗全部的公司资源，也让每位员工清楚地知道，创新是每一个人的责任。

类似地，谷歌还有一条著名的“70—20—10”资源分配法则：70%的资源投入在核心业务上（例如，搜索和广告业务）；20%的资源投入在与核心业务相关的周边业务上（例如，谷歌新闻、谷歌地球、谷歌翻译和谷歌本地）；剩余10%的资源应该完全用于全新业务。这一原则为公司整体层面的持续创新保证了必要的资源储备。

没有任何一位经理会阻止任何一个奇思妙想，即使它看起来多么荒诞不经、天马行空。但是，每个新想法必须积累足够多的来自用户和同事的正面反馈，才能获得很多资源。谷歌人知道，自己中意的项目要积攒人气并成功融资的唯一方法，就是把项目雏形放到网络上，并获得用户的肯定和热心反馈。这就是谷歌实验室诞生的由来，谷歌实验室公共网站允许好奇的用户来试用这些仍然处于萌芽和发展阶段的产品，谷歌一方面可以了解用户对产品的评价和喜好，也能同时收集到大量的用户反馈以不断完善改进。人气越旺的创新项目，越有机会获得更多的资源。

每个创新项目也都有自己的内部网站，每个项目团队都可以不断获得许多同事的反馈。这些反馈帮助过滤蠢点子并锤炼好点子，提高项目成功的几率。事实上，同事反馈的及时性和真实性使它扮演了非正式的项目评估的角色。总之，在谷歌，评价项目前景的依据是来自用户和同事的评价，而不是职位的高低。要想获得新想法所需的资源，就必须开发出能够吸引用户和同事的产品。

四、控制

谷歌肯定是世界上控制监督最松散的企业之一。谷歌相信，创新来自于富有求知欲的精英人才。如果让这些精英自由展翅翱翔，他们将奉上意想不到的惊喜成果；如果用控制束缚他们的翅膀，结果要么摧毁他们的创新能力，要么他们自己会主动离开。

为了克服“控制”的引力，谷歌长期保持以小型工作团队和扁平化为特征的组织结构。对于一家市值如此之高、规模如此之大的企业而言，能做到这一

点非常不容易。事实上，谷歌在发展早期也曾经因为没有深刻领会这一点而付出了代价。随着公司的成长，谷歌曾经试图采用类似于传统企业的层级制组织结构。但公司很快发现，过度的监督严重阻碍了创新。谷歌的“我认为我行”的企业文化面临被“不，你不能”的官僚文化侵蚀的危险境地。几周后，层级制结构被取消，刚任命的中层管理者重新编入工程师职位。今天，大部分谷歌公司产品研发小组的管理者都有超过 50 人的直接下属，有些甚至达到 100 人。

谷歌的产品开发工程师都在小型团队工作，平均每个团队仅有 3 名工程师。即使是像谷歌邮箱这样的大型项目，也只是聘用了 30 名工程师，并被分成若干个团队，每个团队负责特定的产品改进工作。每个团队都有“技术指挥”，这个职位并不固定，根据项目要求在团队成员之间经常轮换。大多数工程师同时服务于多个团队，工程师决定加入哪个团队不需要人力资源部门审批。

20% 的自由时间法则和“70—20—10”资源分配法则为各种各样的新鲜想法能够从 0 ~ 1，提供了不可缺少的资源支持。管理层对所有想法和提议的默认态度是“肯定”而非“否定”，这是谷歌长期坚守的底线。想法的优劣高下交由试验用户反馈和同事讨论得出，避免了某个中层管理人员武断判断的厄运。谷歌人可以在各个项目网页上直言不讳地发表自己的观点，也可以在会议场合公开进行思想的交锋。谷歌人相信“炉火越拨越亮，真理越辩越明”，他们针锋相对进行辩论，从不因为职位的高低而在发表意见上有任何保留或掩饰，谁的见识和知识更胜一筹，谁才能成为辩论的获胜一方。

谷歌能够始终比竞争对手更快更好地推出更多新产品，正是源于其貌似“失控”的管理方法。最低程度的审批和干预，使大量新项目得以快速启动。而在绝大多数的传统企业里，除非一线员工能够说服很多人，包括从下至上的各级管理者，否则新的想法根本无从落实。

谷歌授予员工的自由度使得总有一部分员工在某一期间处于“失控”状态。总裁施密特表示：“如果你要完全的控制和秩序，到海军部队去。”这并不意味着谷歌员工不需要受监督和控制，或者不需要去平衡自由带来的离心力与无序。只是谷歌公司不是像传统企业那样依靠职位级别来管理工程师，而是依靠谷歌公司的文化（改变世界的使命感）、人事聘用原则（只招募求知欲强兴趣广且想有所作为的精英人才）以及谷歌人之间自由、真实和流畅的反馈来实现对“失控”的平衡。谷歌公司之间的控制更多利用的是同事之间的知识和智

慧，而不是管理者与下属之间的职位高低。

五、激励与业绩评价

谷歌的业绩评价一年两次，分别为年中的小考核和年终的主要考核。每次考核都由两部分内容构成：自我评价和同事评价。自我评价应描述期间内个人的主要成就和贡献、个人的优势与待改进之处。同事评价要求选择3～8位同事来填写，内容与自我评价相同，额外的要求是对被评估人进行相对排序。

业绩评价的结果将决定每位员工的工资和奖金调整。奖金额度的大小与工作量没有太大关系，而是取决于项目的重要程度。即使你负责一个很小、实际应用前景并不明朗，或者远远超出现实应用水平的项目，只要你在自我评价中能证明你的想法合理，并且同事评价对这个项目一致好评，你就能获得一笔不菲的奖金。

业绩评价不只是确定奖金的依据，也是决定升职的依据。在传统企业，晋升完全取决于上层主管，员工只能被动地等待升职。但是在谷歌，员工晋升是民主透明的过程。在一年两次的业绩评价中，如果你认为自己有资格升职，那么就可以在系统中提出申请，同时在自我评价中阐明升职的理由，以具体细节和例子来阐明你的业绩和贡献。如果同事评价认可你的升职理由，那么就会顺利地成功晋升。

优秀的软件工程师自立门户，创业并获得成功的例子在软件行业频频发生。谷歌高管深知，如果没有足够的激励，将面临失去很多最优秀员工的风险。为此，谷歌设立了季度“创始人奖金”，授予那些做出杰出贡献的团队从百万至千万美元不等的受限股票。

六、信息沟通与协调

在层级制企业里，内部的信息沟通只沿垂直方向进行，数据和信息从一线向上逐级传递，直至最高管理层。对大多数员工来说，企业内部的信息是不透明的。但谷歌并不是这样，它建立了最开放、最自由、最透明的内部信息网络系统，公司的横向信息沟通远比垂直沟通密集，谷歌人之间可以自由地分享观点、协作、投票、招募志愿者和变革的鼓手。

每周五，谷歌都会举行全体员工参与的公司会议，内容包括一周重要事件（如消息发布、产品介绍）以及自由发言的问答式讨论会，公司的两位创始人

布林和佩奇与员工可以就任何公司议题展开开诚布公地对话，双方都能够了解彼此的想法。公开透明是谷歌的企业文化，一条不成文的规定是公司内部邮件发送不得使用“暗送”（BCC，即在不显示的情况下抄送给数位人员）功能。要么就公开抄送，要么就不要抄送，总之不要选择暗送。

谷歌公司几乎所有项目都是小团队项目，团队协作必然离不开畅通的交流。尽管信息系统能促进团队成员的交流，但交流最高效的方法是让团队成员近在咫尺地办公。谷歌正是这么做的，每个团队的所有成员都共用一个办公室。公司要求每位员工每周都要给团队其他成员发邮件，告知其上周完成的工作。这样一来，团队每个人都能及时了解其他成员的工作进度，方便团队成员之间工作的协调。同时，这种交流也发挥了同事监督（团队控制）的功能。

谷歌人在“MiscList”（五花八门列表）上发表对所有议题的观点，从餐厅的菜单到谷歌富有争议的中国战略。如果有任何创意，那么请发送邮件到公司创意邮箱，人们可以表达自己对谷歌眼镜、无人驾驶汽车的观点和任何其他想法。项目团队利用 MOMA 系统（Message Oriented Middleware Application 的首字母缩写，意为面向消息的中间件中的应用）进行项目之间的协作和持续交流沟通，团队成员间可以及时交流进展、了解反馈和获得帮助。谷歌工程师们在内部网站 Snippets 上张贴个人一周工作和成果总结，每位谷歌人都可以在 Snippets 上找到正在进行的所有项目，获得同步的相关信息。总之，谷歌建立的强大高效的信息沟通与协调机制促进了各个团队间的协作，有助于将各种新奇想法和观点的涓涓细流汇聚起来形成“群体智慧”，而且信息的公开和透明有效地防止公司陷入失控与无序。

第五节
本章小结

持续变革是组织正常运转中不可或缺的一部分，就像新陈代谢对生命体不可或缺一样。从组织变革的视角看，我们可以重新界定并理解预算的本质：预算不是用来具体指导并控制组织行为的手段或工具，而是保障组织实现预期目

标（即组织的可持续生存发展）的机制。可以这么认为，预算是组织运转和可持续生存发展的基本形式，它反映了组织的使命、变革与发展的内在需求，是组织目标实现的基本保障。

在设计持续变革组织的基本原理方面，新科学带给我们以下几点启示：

其一，组织应该转变对变化的态度，学会接受变化和拥抱变化。若要在变化莫测的环境中维持长期生存，企业必须转变成为持续变革的组织，即根据环境的变化不断调整自己，改变自己。在非线性的世界里，预测和计划都无济于事，计划远远没有行动来得重要。

其二，所有自我组织的、具有适应性的系统都不是中央集权的，而是采用自下而上的分布式网络结构。自下而上的管理模式将决策的权力赋予一线员工，这种做法有多个好处：（1）能够提高决策的效率；（2）利用一线员工的隐性知识，有助于提高决策质量；（3）将思考与行动结合起来，能够提高员工的责任感和积极性。此外，互联网赋予组织利用员工群体智慧的能力，汇集并利用多样化的观点和分散的隐性知识是提高决策质量的有效方法。

其三，分解和规范化会扼杀创新。创新只能形成于综合的过程之中。与分析过程在人脑的“左半球”进行不同，综合发生在人脑的“右半球”。与主流观点相反，创新最需要的不是理性，而是直觉。

其四，对于创新而言，没有所谓的“最优解”或“标准解”，没有人可以事先预测出哪一个创意能够获得成功。企业必须同时进行多种不同尝试，每个新项目应该与市场一起相互学习、共同进化，最终学得最快、学得最好的项目将获得成功。所有的创新在本质上都是一种试错行为，因此组织必须接受错误，包容失败，此外别无他法。

最后，本章构建了持续变革的预算体系，包括以下主要职能：

一、计划

在变化莫测的环境中，预测和计划远远不如行动来得重要。在新的管理模式里，计划的重要性大大下降。计划的制定者与执行者往往是同一人。计划的编制不应按照正规形式、正式日程进行，而应根据环境的变化灵活机动地制订。计划的时效性也明显缩短，一年规划肯定是废纸一张。在竞争激烈的互联网行业，企业通常以天为单位制订计划，一两个月的计划已经是极限。计划不再是未来行动的范本和模板，不再要求严格执行；相反，计划用于帮助人们整

理思绪、分析想法的可行性，为未来的行动提供了起点和参考。在实践中，执行者应该根据当前环境和反馈，灵活调整计划与行动。

二、控制

持续变革组织鼓励“失控”，因为过度的控制将抑制创意的产生与发展，妨碍组织灵活行动。持续变革组织将决策的权力授予员工，不干涉员工的决策与行动，任由员工发挥创意、施展才能。与消灭差异的负反馈相比，持续变革组织更重视扩大差异的正反馈，因为正反馈是变革和创新的源泉。持续变革组织使用市场控制和团队控制取代传统的官僚控制。企业文化、价值观、愿景等意识形态成为促使员工行为保持一致的重要机制。值得强调的是，适应性管理模式并不是完全的“失控”。一个优秀的组织能够将控制和失控巧妙地结合起来，一方面能够源源不断地产生新奇有趣的创意，另一方面又不至于陷入无序的混乱之中，这个理想的状态便是复杂科学理论中的“混沌的边缘”。近期的科学研究成果反驳了一种流行的商业说教观点，即应该彻底抛弃自上而下的集权控制。相反，结合自上而下的控制和自下而上的控制，才能取得理想的效果。

三、资源分配

持续变革组织鼓励创新，重视对新项目的投入，愿意将更多的资源分配给前景未卜的新项目中。持续变革组织容忍浪费，因为它们知道创新的幂律分布规律——1000 个创意里最终大获成功的可能只有两三个。持续变革组织不采用正式的、官僚的、充满政治色彩的预算分配方法，它们更喜欢市场机制。市场机制不仅是鼓励竞争的有效方法，而且也是利用群体智慧的好办法。

四、评价与激励

组织不应要求员工达到事先设定的标准，而是根据后见之明的主观判断，或者利用竞争机制来评价员工业绩。在知识经济时代，金钱激励成为“保健因素”，而非“激励因素”。“内在报酬”取代外在的金钱报酬，成为激励员工发挥创意、施展才华、忘我工作的关键因素。

五、沟通与协调

持续变革组织知道：整体大于部分之和，个体之间无穷无尽的相互作用能

够催生出不可思议的智慧与创意。在变化多端的环境中，组织不断扫描当前的环境，时刻监测环境的变化。它们也关注企业内部产生的各种新奇观点，并鼓励它们成长。持续变革组织重视实时的行动，而非预定的计划。团队成员在行动中持续地实时沟通、实时协调，不断优化团体行动。

六、战略

战略与战术之间没有明显的界线，一个具体而微小的行动可能带来长期的战略性影响。战略制定不是一个按部就班的程序，而是一个依赖经验、隐性知识和直觉的艺术创造过程。战略往往产生于组织的“草根”阶层，因为一线员工最熟悉业务，拥有制定有效决策所需的经验与隐性知识。他们与市场和顾客最为靠近，能够最快速地对决策和行动做出修正与改进。这意味着，战略的制定者与战略的执行者往往是同一个人。

第九章

结　　论

第一节
主要观点与结论

一、组织变革视角下的预算本质

本书把预算定义为组织运转和可持续生存发展的基本形式，它反映了组织的使命、变革与发展的内在需求，是组织目标实现的基本保障。与传统的预算截然不同，传统的预算更多地立足于管理，以技术方法手段为基本特征，从而预算更多地表现为管理的一种制度或工具。本书试图转变预算理论的传统视角，或者说，期望在传统预算理论基础上，为预算及预算管理研究开辟一个新的视角——组织变革，从而为丰富预算管理研究，发展预算理论增加一个可以进一步研究的方向与领域。与传统的管理视角预算本质理论相比，本书组织变革视角的预算本质探索性研究，对预算本质问题贡献了以下新的认识：预算的目标是保障组织持续变革、实现可持续生存发展；预算的过程以自下而上为主，自上而下为辅，实现思考与行动、决策与执行的一体化，并高度重视人的综合能力与直觉；预算的难点是不断寻找失控与控制之间的平衡，既要防止因

控制过严而缺乏变革动力，也要避免因控制太少而陷入混乱；预算的动力来自组织全体员工的热情、创造力和想象力。在组织变革视角下，预算成为嵌入组织又成为组织行为的网络耳目和基本躯干。可以这样认为，一个组织的存在并健康发展，首先在于具备了成型靠谱的预算以及实施系统，从而使组织各资源要素能自然融合而共同服务于组织目标的实现。

二、传统预算的本质、缺陷与适用条件

（一）传统预算的本质

传统预算建立在传统管理理论与思维模式之上，而传统管理又建立在由牛顿机械动力学塑造的哲学观之上。深入剖析预算的管理与哲学基因，是破解预算“底层源代码”、看清预算本质的前提。牛顿定律描绘出的秩序井然的机械世界图景，使得人们深信让组织像机器一样稳定、规律地运转是管理的意义所在。预算被赋予了坚决维护秩序与控制，确保一切都按预期行事的使命。预算严格规定了每个人应该如何执行每项事务，以保障组织目标的实现。

（二）传统预算的根本缺陷

预算的根本缺陷在于它严重阻碍了组织的持续变革。预算的使命就是要维护秩序和纪律、确保一切都在预料之中。为了达到这个目的，预算坚决将一切意外和变化连根铲除。预算在致力于消除一切意外和变化的同时，不仅消灭了所有威胁，也铲除了发展与变革的一切机会。预算体系内的所有元素（包括原理、职能、程序和方法等），都有着同一个目标：对抗变化、压制组织变革。

（三）传统预算的其他缺陷

阻碍组织持续变革是预算的根本缺陷，其他缺陷（如高成本、博弈和行为问题、导致员工忽视顾客、预算偏离战略、阻碍企业灵活应变、破坏企业文化、损害员工积极性等）则是预算阻碍组织持续变革带来的副作用。它们的负面影响主要局限于利润的高低，而阻碍组织持续变革则会威胁企业的生存。

（四）传统预算的适用条件

预算并不是普适的管理工具，其有效性取决于两个必要条件：稳定的外部

环境，以及官僚体制。稳定的外部环境之所以重要，是因为预算的效用取决于预测的准确性，而预测只有在一种情况下才是准确的：环境是稳定的。第二个必要条件是以控制为核心的官僚体制模式能够很好地服务于企业的管理需求。

（五）环境变化对传统预算有效性的影响

预测技术的本质是以历史数据为基础，对未来进行推断。它们试图将过去的模式或规律，投射到未来。因此，预测不会得出超出历史模式的结果。环境变化可以根据是否能够预测这一标准分为两类：一类是规律性的，有特定模式的，已经发生过的；另一类是突发的，一次性的，发生之前没有任何规律或模式可循。前者可以准确预测，而后者永远无法准确预测。无论如何改进预测工具，都改变不了突变无法预测这一事实。

（六）工业时代符合传统预算的适用条件

预算在 20 世纪 70 年代中期之前没有受到太大挑战，有两方面原因：一是存在稳定（或有利）的外部环境；二是官僚体制与工业时代典型组织的特征（大规模、追求高效率、蓝领员工）配合得很好。

（七）互联网时代颠覆传统预算的有效前提

在今天和未来的数十年里，企业将身处一个动荡不安、充满不确定性的环境中。这不仅是由于市场由卖方主导转变为买方主导，以及垄断梦想的破灭导致竞争和环境变化的加剧。最重要的是，互联网时代的来临吹响了商业范式大革命的号角。突变将是未来商业环境的主要特征，这使得在稳定环境下成长起来的传统预算丧失了效用。另一方面，官僚体制追求纪律、秩序、控制和效率，这与互联网时代所需要的灵活性和创新能力背道而驰。官僚体制无法满足创新为王的互联网时代的企业管理需求，因此传统预算也不再适用。

三、持续变革的预算体系

若要在变化莫测的环境中维持长期生存，企业必须转变成为持续变革组织，即根据环境的变化不断调整自己，改变自己。在新体系中，各项预算职能的作用与手段都发生了根本性的变化。

（一）计划

由于未来是无法预测的，所以计划在制订出来就已经过时了。传统企业的发展计划以年为单位，按照时间表定期做一年规划、三年规划和五年规划。遗憾的是，环境的变化可没有年度日程表。在变化莫测的环境中，预测和计划远远不如行动来得重要。彼得·德鲁克说过："预测未来的最佳方法是创造未来。"创造未来的意思就是行动。快速行动、快速试错、快速改进、快速迭代是持续变革组织维持生存的路径。

在新的管理模式里，计划的重要性大大下降。计划的制订者与执行者往往是同一人。计划的编制不应按照正规形式、正式日程进行，而应根据环境的变化灵活机动地制订。计划的时效性也明显缩短，一年规划肯定是废纸一张。在竞争激烈的互联网行业，企业通常以天为单位制订计划，一两个月的计划已经是极限。计划不再是未来行动的范本和模板，不再要求严格执行；相反，计划用于帮助人们整理思绪、分析想法的可行性，为未来的行动提供了起点和参考。在实践中，执行者应该根据当前环境和反馈，灵活调整计划与行动。

（二）控制

控制是传统预算的核心职能，控制是现代管理的第一要务，也是预算的首要使命。预算涵盖的所有职能——计划、资源分配、业绩评价和激励，都被当成强化控制的工具。首先，基于对未来的预测，制订计划并分配资源。接下来，在计划执行过程中，定期比较预算（或其他业绩标准）与实际之间的差异，并将其作为评价业绩和决定经济报酬的基础，以此推动各级员工努力工作。

持续变革组织鼓励"失控"，因为过度的控制将抑制创意的产生与发展，妨碍组织灵活行动。持续变革组织将决策的权力授予员工，不干涉员工的决策与行动，任由员工发挥创意、施展才能。与消灭差异的负反馈相比，持续变革组织更重视扩大差异的正反馈，因为正反馈是变革和创新的源泉。持续变革组织使用市场控制和团队控制取代传统的官僚控制。企业文化、价值观、愿景等意识形态成为促使员工行为保持一致的重要机制。柯林斯·鲍罗斯说过："今天的企业再也不能像过去那样通过层级系统预算和其他传统的控制方法将企业

团结在一起……将企业凝聚在一起的将是意识形态。”①

值得强调的是，适应性管理模式并不是完全的“失控”。的确，持续变革组织主张自下而上的决策与行动，鼓励个人自由发挥创造力和积极性，尽量避免干涉员工的决策和行为。但是，完全的“失控”将使组织陷入过度的混乱和无序之中，杂乱而盲目的观点、声音和行动无法汇聚成合力，组织将沦为一盘散沙。一个优秀的组织能够将控制和失控巧妙地结合起来，一方面能够源源不断地产生新奇有趣的创意；另一方面又不至于陷入无序的混乱之中，这个理想的状态便是复杂科学理论中的“混沌的边缘”。近期的科学研究成果反驳了一种流行的商业说教观点，即应该彻底抛弃自上而下的集权控制。相反，结合自上而下的控制和自下而上的控制，才能取得理想的效果。凯文·凯利写道：“许多计算机领域的活动家大力鼓吹网络经济的新纪元——一种围绕计算机点对点网络建立起来的新纪元，认为是时候抛弃那些等级森严的网络了。他们的说法既对又错。虽然那种专制的‘自上而下’的层级结构会趋于消亡，但是，若离开了‘自下而上’控制的嵌套式层级，分布式系统也不会长久。”②

（三）资源分配

在很多企业里，预算被当成权力，而不是资源，成为竞相抢夺的对象。为了获得更多资源，各组织单元的管理者们谎报信息，并争吵不休。资源分配的结果往往是：既定成本结构得到保护，原有项目逐年获得更多的资源。

持续变革组织鼓励创新，重视对新项目的投入，愿意将更多的资源分配给前景未卜的新项目中。持续变革组织容忍浪费，因为它们知道创新的幂律分布规律——1000 个创意里最终大获成功的可能只有两三个。持续变革组织不采用正式的、官僚的、充满政治色彩的预算分配方法，它们更喜欢市场机制。市场机制不仅是鼓励竞争的有效方法，而且也是利用群体智慧的好办法。

（四）评价与激励

传统组织以预定的财务或统计数字为标准，衡量员工的业绩。这种做法强迫员工机械地完成既定计划；如果环境的变化导致标准不切实际，员工便会采

① 托马斯·贝特曼、斯科特·斯内尔：《管理学：构建竞争优势》，中国财政经济出版社 2004 年版。

② 凯文·凯利：《失控》，中信出版社 2010 年版。

取各种“弄虚作假”的手段，目的只是美化数字。

持续变革组织知道计划赶不上变化，不顾环境的变化，一味要求员工实现某个数字，不仅是可笑的，更是有害的。持续变革组织不会要求员工达到事先设定的标准，而是根据后见之明的主观判断，或者利用竞争机制来评价员工业绩。

传统组织利用胡萝卜加大棒的方法激励员工努力工作。但是，在丰裕的今天，大棒几乎彻底失效了，胡萝卜（即金钱激励）也不再像以前那么有效。德鲁克指出，在知识经济时代，金钱激励成为“保健因素”，而非“激励因素”。“内在报酬”取代外在的金钱报酬，成为激励员工发挥创意、施展才华、忘我工作的关键因素。

（五）沟通与协调

传统组织不重视沟通与协调，因为它们相信正规的、系统的、解构的流程可以把所有业务有条不紊地拆分成无数个独立的“积木块”，各“积木块”简单汇总起来就能还原出完整的业务。因此，一年一度的预算编制是很多企业一年中唯一的一次跨部门、跨层级的沟通与协调机会。

持续变革组织知道：整体大于部分之和，个体之间无穷无尽的相互作用能够催生出不可思议的智慧与创意。在变化多端的环境中，组织不断扫描当前的环境，时刻监测环境的变化。它们也关注企业内部产生的各种新奇观点，并鼓励它们成长。持续变革组织重视实时的行动，而非预定的计划。团队成员在行动中持续地实时沟通、实时协调，不断优化团体行动。

（六）战略

传统观点认为预算是对战略计划的具体化，同时也是监控战略执行的主要工具。这种观点隐含几个假设：战略计划是一个自上而下的过程；战略与战术是分离的；战略制定与战略执行是分离的；战略计划是一个规范化的过程。

对于持续变革组织而言，战略与战术之间没有明显的界线，一个具体而微小的行动可能带来长期的战略性影响。战略制定不是一个按部就班的程序，而是一个依赖经验、隐性知识和直觉的艺术创造过程。战略往往产生于组织的“草根”阶层，因为一线员工最熟悉业务，拥有制定有效决策所需的经验与隐性知识。他们与市场和顾客最为靠近，能够最快速地对决策和行动做出修正与

改进。这意味着，战略的制定者与战略的执行者往往是同一个人。

持续变革组织鼓励创新，重视新战略的形成，这与战略计划的初衷截然相反。规范化的战略计划过程充其量是已有战略的延续，它不具备孕育新战略的土壤。事实上，战略规划的实践从未实现人们对它的预期；对于持续变革组织而言，它更是无足轻重的。

表 9－1　　持续变革组织与官僚型组织在管理职能上的差异

	持续变革组织	官僚型组织
预测与计划	短视的预测	一年期预测
	行动比计划重要 行动中不断调整计划 计划的制订者和执行者合一	自上而下的正式计划过程 计划必须严格执行 计划的制订与执行相分离
资源分配	为创新项目分配必要资源 容忍浪费 市场机制	与计划同 资源分配向已有业务倾斜
控制	失控与控制的结合 正反馈与负反馈 前馈控制（事前） 市场控制与团队控制	控制 负反馈 事后控制 官僚控制
业绩评价与激励	事后的主观评价 评价的反馈功能	以事先设定的计划或标准为参照
	金钱激励是“保健因素” 内在报酬是“激励因素” 竞争机制	外在金钱激励
沟通与协调	开放性沟通 分布式沟通 局部沟通 实时沟通与协调	一年一度 沟通局限在上下层级之间
战略	战略形成：创造全新战略 自下而上 综合过程 战略与战术难以区分 战略制定与执行者合一	战略计划：细化既定战略 自上而下 规范化、解构化过程 区分战略与战术 战略制定与执行分离

第二节 局限与未来研究方向

本书的研究基于组织变革视角来重新认识预算本质问题。由于组织变革往往起因于新知识、技术的应用，因此，研究中不可避免地运用现代对组织发展与变革产生直接影响的各门新科学知识与方法来分析预算本质问题。这些新科学主要包括量子力学、生物学、脑神经科学、复杂科学、互联网和计算机科学等。虽仍然处于初期阶段，有很多奥秘仍然有待人们去解开，而且信息、计算、动力学和进化等领域的很多概念有待人们去整合，但这些新科学带来的组织变革创新动力与趋向，为我们正确认识预算本质问题进而完善预算管理实务，提供了很有价值的思维方式和变革引导，从而为深化预算问题研究开辟了一个新方向。当然，因新科学尚处发展之中，本书的研究无疑也会因之而处于不断完善中。当新科学知识再次突破发展，预算本质问题的认识亦将与时俱进。

本书试图将新科学的理论和成果进行提炼和综合，将其应用于管理领域，对管理实践提供有意义的指导。由于各门新科学的学科背景与管理学存在很大差异，将它们应用到管理实践存在相当大的难度。新科学的研究成果带给我们的更多的是原则和方向，而不是具体的做法。有些学者认为，新科学对管理而言仍然只是一个隐喻。我们在将新科学的隐喻落实到管理领域上，付出了很大的努力，但是不可避免地存在很多疏漏和错误。

本书结合新科学和管理领域的成果，推导出孕育强大适应能力的全新管理方式。接下来的研究应以持续变革组织为对象进行大量实地调查、访谈或问卷调查，一方面能够验证并修正本书观点，另一方面能够了解企业在实践中创造的新颖灵活的管理技术与工具。我国互联网企业将是理想的调查研究对象，因为它们身处竞争最为激烈、环境最为突变的行业，并展示出了强大的适应能力和创新能力。很多人认为，互联网行业是我国最具竞争性的行业，在我国市场上它们几乎全面战胜了来自国外的互联网大鳄。另外，美国企业形成了独特的美国式管理模式，日本和德国企业也形成了独具一格的日本模式和德国模式，但是中国特色的管理模式仍然处于空白状态。因此，研究中国企业，特别是中国互联网企业的管理实践，将会极大地推动管理学术研究的发展。

···· 主要参考文献

[1] Ansoff, H. I. , & Brandenburg, R. C. : "A Program of Research in Business Planning",《Management Science》1967vol. 6, p219 ~239.

[2] Anthony, R. :《The Management Control Function》, Boston: Harvard Business School Press 1988.

[3] Argyris, C. : "Human problems with budgets",《Harvard Business Review》1953 vol. 31 (1), p97 ~110.

[4] Argyris, C. :《The Impact of Budgets on People》, New York: Controllership Foundation 1952.

[5] Bescos, P. L. , Cauvin, E. , Langevin, P. , & Mendoza, C. : "Criticisms of budgeting: A contingent approach",《Proceedings of the 26th European Accounting Association Conference》2003 April 2 ~4.

[6] Brown, J. B. , & Atkinson H. : "Budgeting in the information age: A fresh approach",《International Journal of Contemporary Hospitality Management》2001 vol. 13 (3) .

[7] Bunce, P. , Fraser R. , & Woodcock L. : "Advanced Budgeting: A journey to advanced management systems",《Management Accounting Research》1995 vol. 6, p253 ~265.

[8] Burton, A. : "Shareholder Value Budgeting",《Management Accounting (UK)》1996 (Jun) .

[9] Campbell, A. , Shaw, D. , Adams, W. W. , & Jensen, M. C. : "Corporate budgeting is broken",《Harvard Business Review》2002 (Mar) .

[10] Chapman, C. S. , & Kihn, L. A. : "Information system integration, enab-

ling control and performance", 《Accounting, Organizations and Society》 2009 vol. 34 (2), p151 ~ 169.

[11] Chow, C. W., Cooper, J. C., & Waller, W. S.: "Participative budgeting: Effects of a truth – inducing pay scheme and information asymmetry on slack and performance", 《The Accounting Review》 1988 (Jan), p111 ~ 122.

[12] CIMA: 《Better budgeting: A report on the better budgeting forum from CIMA and ICAEW》 2004 (Jul).

[13] Covaleski, M. A., Evans III, J. H., Luft, J. L., & Shields, M. D.: "Budgeting research: three theoretical perspectives and criteria for selective integration", 《Journal of Management Accounting Research》 2003 vol. 15.

[14] Dickinson, D.: "The truth about budgeting with spreadsheets", 《Credit Control》 2011 vol. 32 (5/6), p40 ~ 43.

[15] Epstein, J., & Birchard, B.: "Add accountability", 《Executive Excellence》 2000 (Sep).

[16] Groves, T.: "Incentives in teams", 《Econometrica: Journal of the Econometric Society》 1973 (Jul), p617 ~ 631.

[17] Gunny, K. A.: "The relation between earnings management using real activities manipulation and future performance: evidence from meeting earnings benchmarks", 《Contemporary Accounting Research》 2010 vol. 27 (3).

[18] Hansen, S. C., & Torok, R.: 《The Closed Loop: Implementing Activity – Based Planning and Budgeting》, Bedford, TX: CAM – I2003.

[19] Hansen, S. C., & Van der Stede, W. A.: "Multiple facets of budgeting: an exploratory analysis", 《Management Accounting Research》 2004 vol. 15 (4), p415 ~ 439.

[20] Hansen, S. C., Otley, D. T., & Van der Stede, W. A.: "Practice Developments in Budgeting: An Overview and Research Perspective", 《Journal of Management Accounting Research》 2003 vol. 15.

[21] Hartmann, F. G. H.: "The appropriateness of RAPM: toward the further development of theory", 《Accounting, Organizations and Society》 2000 vol. 25.

[22] Hauke, U.: "Go 'Beyond Budgeting' with my SAP financials to become a more adaptable and responsive organization", 《SAPinsider》 2001 vol. 2 (4).

［23］ Holloway, D. : "The catastrophe and after", 《The New York Review of Books》 1990 vol. 5.

［24］ Hope, J. , & Fraser, R. : "Beyond budgeting... breaking through the barrier to 'the third wave' ", 《Management Accounting》 1997 vol. 75 (11) .

［25］ Hope, J. , & Fraser, R. : "Who needs budgets?", 《Harvard Business Review》 2003 vol. 81 (2) .

［26］ Ijiri, Y. , Kinard, J. , & Putney, F. : "An integrated evaluation system for budget forecasting and operating performance with a classified budgeting bibliography", 《Journal of Accounting Research》 1968 (Spring), p1 ~ 28.

［27］ Jennergren, P. : "On the Design of Incentives in Business Firms – A Survey of Some Research", 《Management Science》 1980 (Feb), p180 ~ 201.

［28］ Jensen M. C. : "Corporate budgeting is broken", 《Harvard Business Review》 2001 (Nov) .

［29］ Jensen M. C. : "Paying people to lie: the truth about the budgeting process", 《European Financial Management》 2003 vol. 9 (3), p379 ~ 406.

［30］ Kaplan, R. , & Norton, D. P. : 《Linking strategy to planning and budgeting, Balanced scorecard collaborative report》, Harvard Business School 2000.

［31］ Kennedy, J. A. : "Getting the most from budgeting", 《Management Accounting》 1999 vol. 77 (2), p22 ~ 24.

［32］ Kilroy, D. B. , & Mckinley, M. T. : "Stop analyzing and start thinking: the importance of good thinking skills in a value – managed company", 《Management Decision》 1997 vol. 35 (3), p185 ~ 194.

［33］ Lazere, C. : "All together now – Why you must link budgeting and forecasting to planning and performance", 《CFO Magazine》 1998 (Feb), p28 ~ 36.

［34］ Libby, T. , & Lindsay R. M. : "Budgeting—an unnecessary evil", 《CMA Management》 2003a vol. 77 (1) .

［35］ Libby, T. , & Lindsay R. M. : "Part two: Budgeting—an unnecessary evil", 《CMA Management》 2003b vol. 77 (2) .

［36］ Libby, T. , & Lindsay, R. M. : "Beyond budgeting or better budgeting?", 《Strategic Finance》 2007vol. 89 (2), p46 ~ 51.

［37］ Littlewood, F. : "Look beyond the budget", 《The Times》 2000 (Jan 11) .

[38] Loeb, M., & Magat, W.: "Soviet success indicators and the evaluation of divisional management", 《Journal of Accounting Research》 1978 (Spring), p103 ~ 121.

[39] Lynch, T. D., & Lynch, C.: "Twenty – first century budget reform: Performance, entrepreneurial, and competitive budgeting", 《Public Administration Quarterly》 1996 vol. 20 (3), p255 ~ 284.

[40] Makridakis, S., & Wheelwright, S. C.: "Forecasting an Organization's Futures", 《Handbook of Organizational Design》, Oxford University Press 1981, p122 ~ 138.

[41] Makridakis, S.: 《Forecasting, Planning, and Strategy for the 21st Century》, New York: Free Press 1990.

[42] Merchant, K. A.: 《Control in Business Organizations》, Mass: Pitman1985.

[43] Merchant, K. A., & Manzoni, J. F.: "The achievability of budget targets in profit centers: a field study", Accounting Review1989 vol. 64, p539 ~ 558.

[44] Merchant, K. A.: 《Rewarding results: motivating profit center managers》, Harvard Business School Press 1989.

[45] Mintzberg, H.: "Crafting Strategy", Harvard Business Review1987vol. 65 (4), p66 ~ 75.

[46] Neely, A., Sutcliff, M. R., & Heyns, H. R.: 《Driving value through strategic planning and budgeting: A research report from Cranfield School of Management and Accenture》, New York: Accenture 2001.

[47] Newing, R.: "Advanced budgeting requires an advanced management system", Management Accounting: Magazine for Chartered Management Accountants 1994vol. 72 (11).

[48] Orlando, J.: "Turning budgeting pain into budgeting gain", Strategic Finance 2009vol. 90 (9), p47 ~ 51.

[49] Otley, D.: "Performance management: a framework for management control systems research", 《Management accounting research》 1999 vol. 10 (4), p363 ~ 382.

[50] Peter Horváth: 《Controlling (8th edition)》, Munich 2001.

[51] Quattrone, P. , Hopper, T. : "Time – space odyssey: management control systems in two multinational organizations", Accounting, Organizations and Society 2005vol. 30 (7, 8), p735 ~ 764.

[52] Sandison, D. , Hansen, S. C. , & Torok, R. G. : "Activity – based planning and budgeting: A new approach from CAM – I", Journal of Cost Management 2003 (Mar/Apr) vol. 17 (2), p16 ~ 22.

[53] Shastri, K. , & Stout, D. E. : "Budgeting: perspectives from the real world", Management Accounting Quarterly 2008vol. 10 (1), p18 ~ 25.

[54] Stewart, T. A. : "Why budgets are bad for business", Fortune1990 (Jun).

[55] Umapathy, S. : 《Current budgeting practices in U. S. industry》, New York: Quorum Books 1987.

[56] Vuorinen, I. : "The evolvement of organisational control systems", paper presented at the 27th Annual Congress, European Accounting Association2004Aprl – 3.

[57] Waller, W. S. : "Slack in participative budgeting: The joint effect of a truth – inducing pay scheme and risk preferences", Accounting, Organizations and Society1988vol. 13, p87 ~ 98.

[58] Weber, J. , & Linder, S. : "Budgeting, better budgeting, or beyond budgeting", Cost Management 2005vol. 19 (2), p20 ~ 28.

[59] Weitzman, M. L. : "The 'ratchet principle' and performance incentives", The Bell Journal of Economics 1980vol. 11 (1), p302 ~ 308.

[60] Weitzman, M. L. : "The new Soviet incentive model", Bell Journal of Economics 1976vol. 7, p251 ~ 257.

[61] Williamson, O. E. : 《Markets and Hierarchies: Analysis and Antitrust Implications》, New York: The Free Press 1975.

[62] Worthy, J. C. : 《Big Business and Free Men》, New York: Harper & Row 1959.

[63] Young, M. : "Participative budgeting: the effects of risk aversion and asymmetric information on budgetary slack", Journal of Accounting Research 1985vol. 23 (2), p829 ~ 842.

[64] Zuboff, S. : 《In the Age of the Smart Machine》, Butterworth – Heine-

mann 1988.

[65] O. 腾·海渥:《会计史》，中国商业出版社 1991 年版。

[66] 阿尔费雷德·D. 钱德勒、詹姆斯·W. 科塔达:《信息改变了美国:驱动国家转型的力量》，远东出版社 2011 年版。

[67] 阿尔文·托夫勒:《第三次浪潮》，中信出版社 2006 年版。

[68] 艾尔弗雷德·斯隆:《我在通用汽车的岁月》，华夏出版社 2005 年版。

[69] 安东尼·阿特金森、罗伯特·卡普兰等:《管理会计（第 6 版)》，清华大学出版社 2011 年版。

[70] 奥瑞·布莱福曼、罗德·贝克斯特朗:《海星模式》，中信出版社 2008 年版。

[71] 彼得·德鲁克:《21 世纪的管理挑战》，机械工业出版社 2009 年版。

[72] 彼得·德鲁克:《管理:使命、责任、实务》，机械工业出版社 2009 年版。

[73] 彼得·圣吉:《第五项修炼:学习型组织的艺术与实践》，中信出版社 2009 年版。

[74] 财政部企业司:《企业全面预算管理的理论与案例》，经济科学出版社 2004 年版。

[75] 查尔斯·亨格瑞、斯里坎特·达塔尔等:《成本与管理会计（第 13 版)》，中国人民大学出版社 2010 年版。

[76] 丹尼尔·卡尼曼:《思考:快与慢》，中信出版社 2012 年版。

[77] 笛卡尔著:《谈谈方法》，商务印书馆 2000 年版。

[78] 杜栋:《管理控制学》，清华大学出版社 2006 年版。

[79] 冯巧根:《管理会计》，中国人民大学出版社 2008 年版。

[80] 管理会计应用与发展典型案例研究课题组:“我国集团公司预算管理运行体系的新模式——中原石油勘探局案例研究”，《会计研究》2001 年第 8 期。

[81] 郭咸纲:《西方管理思想史》，世界图书出版社 2010 年版。

[82] 亨利·明茨伯格:《战略规划的兴衰》，中国市场出版社 2010 年版。

[83] 亨利·明茨伯格:《管理进行时》，机械工业出版社 2010 年版。

[84] 亨利·明茨伯格:《公司战略计划》，云南大学出版社 2002 年版。

[85] 黄锦亮:《企业预算管理的困境与对策研究》，财政部财政科学研究

所博士论文 2012。

[86] 加里·哈默、比尔·布林：《管理大未来》，中信出版社 2008 年版。

[87] 加里·约翰·普雷维茨、巴巴拉·达比斯·莫里诺：《美国会计史》，中国人民大学出版社 2006 年版。

[88] 杰夫·豪：《众包：大众力量缘何推动商业未来》，中信出版社 2009 年版。

[89] 杰克·韦尔奇、苏茜·韦尔奇：《赢》，中信出版社 2010 年版。

[90] 杰里米·霍普、罗宾·弗雷泽：《超越预算：管理者如何跳出年度绩效评估的陷阱》，中信出版社 2005 年版。

[91] 杰里米·里夫金：《第三次工业革命》，中信出版社 2012 年版。

[92] 杰罗尔德·齐默尔曼：《决策与控制会计（第 6 版）》，东北财经大学出版社 2012 年版。

[93] 卡普拉：《物理学之“道”：近代物理学与东方神秘主义（第 4 版）》，中央编译出版社 2012 年版。

[94] 凯文·凯利：《失控》，中信出版社 2010 年版。

[95] 克莱·舍基：《未来是湿的》，中国人民大学出版社 2009 年版。

[96] 刘俊茹：《企业预算管理历史分析及未来展望》，厦门大学博士论文 2006。

[97] 娄冰：《中国预算制度：变迁轨迹和改革路径》，中国社会科学院博士论文 2013。

[98] 罗伯特·安东尼、维杰伊·戈文达拉扬：《管理控制系统（第 12 版专业版）》，人民邮电出版社 2011 年版。

[99] 罗伯特·卡普兰，安东尼·阿特金森：《高级管理会计（第 3 版）》，东北财经大学出版社 2012 年版。

[100] 罗伯特·西蒙斯：《控制》，机械工业出版社 2004 年版。

[101] 罗伯特·安东尼、维杰伊·戈文达拉扬：《管理控制系统（第 12 版）》，人民邮电出版社 2010 年版。

[102] 罗纳德·希尔顿：《管理会计学：在动态商业环境中创造价值（第 5 版）》，机械工业出版社 2003 年版。

[103] 罗纳德·希尔顿：《管理会计学：在动态商业环境中创造价值（第 7 版）》，机械工业出版社 2009 年版。

[104] 玛格丽特·惠特利：《领导力与新科学》，中国人民大学出版社2008年版。

[105] 玛格丽特·梅：《财务职能转变与公司增值》，电子工业出版社2002年版。

[106] 迈克尔·查特菲尔德：《会计思想史》，中国商业出版社1989年版。

[107] 梅拉妮·米歇尔：《复杂》，湖南科学技术出版社2011年版。

[108] 米歇尔·沃尔德罗普：《复杂：诞生于秩序与混沌边缘的科学》，生活·读书·新知三联书店1997年版。

[109] 潘爱香、高晨：《全面预算管理》，浙江人民出版社2001年版。

[110] 普华永道：《首席财务官：公司未来的建筑师》，北京大学出版社2002年版。

[111] 斯图尔特·克雷纳：《管理百年：20世纪管理思想与实践的批判性回顾》，中国人民大学出版社2013年版。

[112] 苏珊娜·奥利弗、查尔斯·霍恩格伦：《管理会计》，东北财经大学出版社2012年版。

[113] 唐·泰普斯科特、安东尼·D. 威廉姆斯：《维基经济学：大规模协作如何改变一切》，中国青年出版社2007年版。

[114] 托马斯·贝特曼、斯科特·斯内尔：《管理学：构建竞争优势》，中国财政经济出版社2004年版。

[115] 托马斯·约翰逊、罗伯特·卡普兰：《管理会计兴衰史：相关性的遗失》，清华大学出版社2004年版。

[116] 托马斯·弗里德曼：《世界是平的：一部21世纪简史》，湖南科学技术出版社2006年版。

[117] 维微克·拉纳戴夫著：《未来之路——预见力：全球化经济大变局下的企业思维革命》，东方出版社2008年版。

[118] 夏恩·桑德：《会计与控制理论》，东北财经大学出版社2000年版。

[119] 小艾尔弗雷德·钱德勒：《看得见的手：美国企业的管理革命》，商务印书馆1987年版。

[120] 许云：《预算管理研究：历史、本质与预算松弛》，厦门大学博士论文2006。

[121] 伊丽莎白·哈斯·埃德莎姆：《德鲁克的最后忠告》，机械工业出版

社 2012 年版。

［122］于增彪："全面预算管理：从概念说起"，《财务与会计》2007 年第 1 期。

［123］于增彪："预算：有用而又令人头痛的现代企业管理方法"，《新理财》2003 年第 3 期。

［124］于增彪："预算不准确：难以避免但不乏对策"，《财务与会计》2007 年第 6 期。

［125］于增彪、袁光华、刘桂英、邢如其："关于集团公司预算管理系统的框架研究"，《会计研究》2004 年第 8 期。

［126］于增彪、赵晓东："中国集团公司管理控制系统的未来模式：财务主导型控制系统"，《中国会计学会 2006 年学术年会论文集（下册）》2006。

［127］詹姆斯·索罗维基：《群体的智慧：如何做出最聪明的决策》，中信出版社 2010 年版。

［128］张朝宓、卓毅、胡春香："当代西方预算管理研究综述"，《外国经济与管理》2003 年第 12 期。

［129］张鸣、张美霞："预算管理的行为观及其模式"，《财经研究》1999 年第 3 期。

［130］张双才："企业预算管理新模式及其有效性评价"，《中国会计学会 2006 年学术年会论文集（下册）》2006。

［131］邹韶禄：《基于战略导向的企业全面预算管理体系研究》，中南大学博士论文 2004。

····后　记

眼看着用 5 年光阴苦苦煎熬凝结而成的心血得以付梓，我的心情无疑是激动的。

我曾经看过一幅连环图片，形象地描绘了科学研究的过程。随着研究的启程，主人公由平地向上攀登，步入迷雾之中。随着时间的推移，迷雾越来越大、越来越浓，完全遮蔽了人的视线，主人公不得不在黑暗之中跌跌撞撞、摸索前行。不知道坚持了多久，眼前的迷雾开始由浓转淡、渐渐消散，依稀可见久违的阳光。光线越来越强，驱走了所有迷雾，主人公不懈攀登，直至拨云见日的那一刻。此时，他已成功地穿越了一层层的乌云和迷雾，置身于海拔 10000 米的高空，此处碧空万里、澄明通透、一览无余。

对此，我深有体会，写作此书便是一例。

我是标准的“码农”出身，本科和研究生攻读的都是计算机专业，博士阶段转读会计学。有鉴于这样的教育背景，选题的大方向——会计信息化很早便确定下来。会计的本质是信息，因而会计学是最容易被信息化发展所冲击甚至颠覆的学科之一。令人遗憾的是，尽管国内外会计学界对此已无争议，会计信息化相关研究却一直乏善可陈，所见的学术论文要么停留在号召和呼吁阶段，要么仅仅是把信息技术视为工具，以期实现更复杂、更精准地计量。

早在半个世纪前，已有少数富有远见的智者意识到信息化的威力堪比原子弹，信息技术不只是可供利用替代人力的工具，更是能够改变社会的基础设施。就像电力和石油把人类社会从农业时代领入工业时代，以互联网和人工智能技术为代表的信息技术将把人类社会带入一个新时代——人们曾经用第三次浪潮、信息时代、知识经济时代、互联网时代这些不同的称谓来指代这个新时代。

但信息化的巨大潜力被普罗大众所认识，则是 2010 年之后的事了。信息技术年复一年地以指数级速度发展，量变引发质变。2010 年前后，互联网企业已经从曾经的市场边缘成功地迈入主流，占据了财富榜单上的众多位置。众多昔日光芒万丈的商业巨人们在互联网“野蛮人”的挑战面前纷纷败下阵来，业绩不断下滑，陷入痛苦的泥淖。“狼来了”的惊呼此起彼伏，“互联网思维”和“互联网 +”之类的新鲜词汇成为年度最热门用语，无论是代表传统力量的行业领头企业，还是代表新兴力量的互联网新创企业，都在认真思考如何利用互联网和其他信息技术来重塑传统行业。终于，信息技术不只是技术工具，更是颠覆和重塑商业社会的基础设施和底层力量，这一观点得到了普遍的接受和认同。

毫无疑问，今天的企业必须善加利用以互联网为代表的信息技术，来重新打造产品和服务、变革销售与营销模式，并改造运营流程。但更重要的是，企业必须苦练内功，培养出具备永不间断地持续改造自身的能力。为此，企业迫切需要全新的组织与管理模式。

事实上，自 20 世纪 80 年代以来，学术界和企业界对“传统”管理模式的批评与抨击便不绝于耳。今天人们口中的“传统”管理模式是工业时代的产物，是机器轰鸣的大工厂、永不间断的流水生产线和规模庞大的层级制度的亲密伴侣，是实现农业时代无法想象的高效率、低成本生产背后的“看得见的手”。

如今，新的商业环境敲响了传统管理模式的丧钟。高效率、低成本不再是竞争的法宝，“持续变革”、“柔性化”、“学习型”或“适应性”才是。

回到会计。会计是管理的重要组成部分，会计信息构成了管理信息的 80% 以上。管理范式变革势在必行，会计范式同样需要彻底变革。本书从预算这一传统管理机制的缩影入手，研究管理会计为何需要变革以及应当如何变革的重要问题。

对我而言，写作此书的过程漫长而煎熬。科研往往从文献回顾开始，而回顾会计信息化的相关研究很容易陷入“改善”陷阱，讨论如何利用信息技术改善既有的会计体系，譬如更快地获取信息、更准确地获取信息、建立更复杂的会计模型，而不是另起炉灶建立适应新时代的新范式。会计信息化研究的积弱不振，我猜想是因为会计学界对信息化的了解有限，以及信息科学界对会计的了解同样有限所致。

导师杨雄胜教授再三叮嘱我，一定要站在哲学和历史的高度来研究会计信息化课题。于是，我用了两年时间搜集并阅读大量关于管理学发展史、会计发展史以及管理学与会计学基础理论的相关书籍和文献。其中，小艾尔弗雷德·D. 钱德勒教授的《看得见的手——美国企业的管理革命》、阿尔文·托夫勒的《第三次浪潮》和杰里米·里夫金的《第三次工业革命》让我充分认识到：教科书中的会计体系虽然看似权威，其实远非完美，会计作为上层建筑必须与所处时代的生产力和经济基础相匹配。信息技术的迅猛发展带来社会生产力和经济基础的“量”与“质”的大幅提升，引领人类社会跃迁至后工业时代的下一个新的历史阶段，由此，会计体系也必须随之重塑，以适应变化的新时代。

对会计定位的认识只是万里长征的第一步，明确了当今会计需要的不是改善而是重塑之后，紧接着的是一些更为困难的问题：信息时代企业的管理目标有何不同？信息时代的代表性企业是什么样的？信息时代需要怎样的会计？其中，难度最大的问题便是：如何构建信息时代的会计体系？

尽管我多年来持续跟踪信息技术和信息系统的最新发展、实践应用与相关理论，对信息科学及信息哲学也颇为熟稔，但这些知识对于构建一个全新会计体系的整体“骨架”并无实质性助益，相反，它们更适合描绘整个体系的局部，即为“骨架”赋予“血肉”。在很长的时间内，我一直苦苦思索，希冀在黑暗中找到一条出路，为构建新会计体系找到有说服力的理论支撑。

一般来说，体系构建有两种方式，一种是工程式的，另一种是仿生的。前者是人工构造的产物，后者则是借鉴大自然的智慧。今天教科书中描述的以官僚体制和命令控制为代表的管理范式，是前人以工程方式构造而成，优点是规模大、效率高、成本低，但缺点也极为明显：僵化、守旧、适应性低。迄今为止，对于构建一套具有强大适应能力，能够根据外部环境的变化不断变革与创新的机制，工程学方法历经种种挫败，显得爱莫能助。人们意识到，这样的问题需要更高的智慧。更高的智慧在哪里？智者老子告诉我们：“人法地，地法天，天法道，道法自然。”向大自然的智慧取经不失为最为可行的道路。

凯文·凯利的著作《失控》为人们探索大自然的奥秘打开了一扇窗，这本奇书集众多学科前沿研究成果之大成，以物理、化学、生物、复杂科学、人工智能、互联网等领域的世界顶尖研究成果为佐证，试图揭开大自然的各种运行机制的神秘面纱。以此书为引子，我阅读了众多自然科学类书籍，涵盖复杂科学、生命科学、进化论、耗散结构论、协同论、突变论、量子力学、网络理

论，为深入理解大自然的机制做资料准备。

至此，最后一个需要解决的难题则是如何将仿生机制落实到本书的具体主题——预算之中，或者说，如何在借鉴仿生机制的基础上构建出适合新时代的预算体系。仿生机制来自具体的自然科学研究领域，比如生命繁衍、进化、气象，研究背景与本书探讨的管理会计领域差异甚大。更深层的障碍则在于本书的研究主题属社会科学范畴，而仿生机制孕育于自然科学研究。自然科学与社会科学既有共通之处，也有根本差异。因此，要将仿生机制引入预算主题，不可生搬硬套，必须下一番苦功。

本研究的出发点是探索与会计未来命运息息相关的宏大主题：信息化给会计带来了哪些机遇和挑战？信息化又将如何重塑会计？新的时代需要怎样的会计体系？在落笔时，选择了一个具体的主题——预算，试图通过预算这个窥镜来反映会计在信息时代的重塑。预算是管理会计最为重要的一个分支，浓缩了整个现代管理体系的精要，可谓管理体系的微缩版。选择预算作为主题，可同时兼顾大方向与细节，既能深入剖析管理会计的困境根源与重新定位，也能具体阐述预算体系与工具的变革。

在众多探讨预算转型与变革的作品中，本书显得相当“另类”。把看似遥远的牛顿定律与传统管理体系联系起来，分析传统预算的困境根源；把互联网引发的商业环境变革与传统预算的适用条件联系起来，推导出传统预算难以通过修修补补来适应新时代；借鉴自然科学众多学科的前沿研究成果，来构建一个全新的预算体系。

当然，本书的不足也很明显。本书更多地搭建了一个预算体系的“骨架”，但是该体系的“血肉”不够丰满，仍需要更多的企业实践案例对其进行充实。尽管投入 5 年时间去完成一项会计研究，在如今已经是一件极为奢侈的事情，但学无止境，何况管理会计体系再造这么博大的主题对知识积累的厚度与广度更是有着极高的要求，我在写作过程中也一直深切感到更多的知识有待学习。以本人有限的知识与能力，来从事这项研究，必然存在不少错误疏漏。

但无论如何，本书确实是一本诚意之作。接下来，我也将不断提升知识储备，进行后续研究。

本书能够得以完成，最感谢的人便是恩师杨雄胜教授。杨老师无论在学术还是为人方面都为弟子树立了高山仰止的标杆，指引学生为之奋斗终生。杨老师为人坦荡磊落，不拘小节，心胸开阔，乐于助人，慷慨大度，让弟子深切感受到“大家”的风范和境界，也深刻体会到学术造诣与为人之道间的“剑人合一”。在学术方面，杨老师博览众书、通今博古、涉猎百家，经济、管理、社会、哲学等人文科学领域几乎无所不通，无所不晓，因而往往能够高瞻远瞩、见微知著、天马行空，想旁人所未想，思旁人所未思，学术建树屡屡独树一帜、自成一家。感谢杨老师多年的鞭策与严格要求，使弟子不敢有丝毫懈怠的念头。学生才智愚钝，虽然已尽最大努力，但离老师的期望还有很大的差距。学术之路漫漫而修远，吾将终一生而求索。

衷心感谢南京大学会计学系李心合教授、王跃堂教授、苏文兵教授和陈冬华教授以他们渊博的学识提出极为宝贵的意见与建议，使本书得以进一步完善。感谢南京大学会计学系的年轻同事们，熊焰韧、林树、薛清梅、吕伟和俞欣，多年来每每在我求教时，都不厌其烦地耐心帮助。

本书得以顺利出版，离不开中国财政经济出版社吕小军老师的大力支持，不仅帮助处理出版相关事宜，而且仔细地审阅各个章节，并为本书的编排印刷做了大量的准备工作。

最后，感谢我的四位父母多年来的照顾与支持。他们在我苦闷甚至动了放弃念头的时候，一直给我打气；在我经常加班工作写书过程中，主动帮我排忧，义无反顾地承担起照料小孩的重任。如果没有家人的坚强后盾，很难想象本书能够顺利完成。

曹洋

2016 年 9 月 7 日